Du Même Auteur

Le Nouvel Océan
Océan Haïku

L'Océan des Mots

L'Océan des Mots

Poèmes

BENOÎT JALABER

PRÉFACE DE
FRÈRE GILLES BAUDRY

Lamouette

L'OCÉAN DES MOTS © 2008 Benoît Jalaber

Tous droits réservés. Aucune partie de ce livre ne peut être reproduite sous aucune forme sans autorisation écrite de l'éditeur, sauf dans le cas de brèves citations dans des articles ou commentaires.

Pour plus d'informations adresse :

Lamouette Press
P.O. Box 690845
Charlotte, North Carolina 28227

www.lamouettepress.com

Toutes les images, photographies et l'art de *L'Océan des Mots* sont la propriété de la succession de Benoît Jalaber.

Frontispice : *Sandy Island Anguilla 1994* par Benoît Jalaber

Numéro de Contrôle de la Bibliothèque du Congrès : 2014908125

ISBN : 978-0-9960515-1-4

Imprimé aux États-Unis

Première Édition : Février 2015

10 9 8 7 6 5 4 3 2 1

Écrit comme un carnet de voyages, ponctué de quelques prières, ce petit essai de poèmes est plus spécialement dédié à ma sœur Pascale, à ma Fleur d'Étoile et fidèle compagne, à Jo et Chantal, à Austin et à tous les grands rêveurs et amoureux du mot.

Chaleureusement vers vous.

Benoît

Table des Textes

Préface xi

Fleur d'Étoile 15
Austin, Cher Austin 17
Parfums de Solitude 19
À la Dérive d'un Cœur Perdu 21
Au Bar des Serments 23
Fortune de Cœur 25
Est-ce à Cause de Vous Autres 27
Lumières 29
Ma Blessure Alcoolique 31
À l'Ombre d'un Lotus 33
Baladin d'une Passion 35
Petit Chagrin des Îles 37
Au Désert d'un Désir 39
Nuage Blanc des Roseaux 41
Évasion 43
De la Vallée du Charme au Pays de Nos Pleurs 45
Partage d'un Rêve de Vie 47
Les Traces de Nos Destins 49

Pardonne-Moi Mon Dieu	51
À Cœur Ouvert	53
Jet d'Encre	55
Rêvant d'un Autre Monde	59
Aux Frontières de la Douleur	61
Au Pays des Grandeurs	63
Enfants du Millénaire	67
Les Larmes de Joie	69
Vent Triste	71
Comme un Rayon de Pluie	73
Espérances	75
Incertitudes Étranges	77
Ivresse	79
Terre de Ciel	81
Soif de Solitude	83
Bel Amour Infini	85
Si Simplement	87
Oh Mon Pays	89
Guide-Moi	91
As-Tu Déjà Pleuré	93
Surya	95
L'Océan des Mots	97
Trois Amis	99
Douleurs	101
Je Crois	103
Comédie	105
Incompris	107

Nos Signes..109
Enivrante Déprime..111
En Amont, En Aval 113
Oh Seigneur..115
Comme un Boomerang...117
Au Revoir...119
Transporté par l'Amour 121
Depuis la Nuit des Temps 123
Sans Aucune Différence... 125
Lorsque le Vent m'Appelle 127
Ce Manque de Toi... 129
Somnolence..131
D'un Vent de Haine 133
Sans Peur 135
Petit Cœur des Îles 137
Radiance 139
À Bout de Souffle 141
Où Trouvera-t-on ?.. 143
Sans Aucun Regret...145
S'Aimer à Nouveau..147
Porté par la Lumière..149
Penses-Tu 151

Remerciements..153
Crédits 154
À Propos de l'Auteur 157

PRÉFACE

À Myrtle, son épouse

Spontanément, en lisant le titre de ce recueil *L'Océan des Mots*, m'est venu à l'esprit ce mot d'Henri-Dominique Lacordaire : « il faut à l'amour l'océan de l'éternité ».

Un amour immense de la vie, des êtres, de la nature et du sport comme navigateur et alpiniste : voilà ce dont témoigne notre ami Benoît. Pour l'avoir rencontré, le souvenir que j'en garde est celui d'un homme chaleureux, passionné, foncièrement droit, bon et généreux. L'eau claire de son regard révélait une grande âme.

Si tout poème a valeur testamentaire, « La Mouette » c'est ainsi qu'il se définissait, nous lègue un héritage d'amour et d'humilité. Sa disparition brutale a rendu son œuvre définitive. « Le temps le déserte, l'éternité s'en empare. » dit Jacques Goorma évoquant la mort de Saint-Pol-Roux. Et « qu'importe la mort si le chant rebrousse chemin vers le coeur ? » de Jean-Max Tixier. Car c'est précisément « À Cœur Ouvert », tantôt étale, tantôt « à marée basse » qu'il écrit dans une langue peu inquiète d'elle-même, sans souci de littérateur.

Le plus souvent il opte pour le poème versifié, c'est-à-dire métré, rimé ou assonancé pour mieux fixer sa voix dans notre mémoire aimante. Un recueil, au final, d'une souveraine simplicité, translucide, témoignant d'une enfance inentamée ayant—par quel miracle et par quelle grâce ?—traversé les aléas et les vicissitudes de l'existence, éloignée de toute nostalgie stérile.

Comme tout poète authentique, Benoît se tient, funambule des mots, sur une ligne de crête entre l'élan et le désarroi, entre jubilation et mélancolie, sachant combien, entre ce monde et l'autre, il s'avère difficile d'engendrer cette beauté définie par Georges Braque comme « une blessure devenue lumière ».

Chant et cri, louange et supplique alternent. Au lecteur doué d'un regard habité, de capter les ondes d'un séisme intérieur sortant d'une fracture intime pudiquement transfigurée en chant tissé de compassion exempt de tout pathos.

L'évidence d'une écriture cathartique où déposer les blessures confère une espèce de grâce déchirante à ces poèmes arrachés à la perte. Avec cet étonnement d'être en dépit de l'angoisse. Comme un rayonnement franciscain de la pauvreté, une humilité devant l'existence nue et devant Dieu.

Au tourment de l'infini, propre à tout créateur, s'ajoute la part inconsolable d'exister dans un monde indigne de lui, de « Comédie », sans autre horizon ni relief que Ses écrans plats.

Combien parfois, Benoît devait souffrir face à des êtres sans tonalité… ceux qui ont la musique (des mots ou des notes) dans l'âme ont sans doute une peau moins épaisse que les autres hommes. Leur grande sensibilité devient l'épiderme du dedans.

Chaque vers que notre ami poète a laissé dans le cœur battant de ses pages l'empêche de mourir vraiment, s'inscrivant, pour notre apaisement « dans le vivant de l'écriture ».

Frère Gilles Baudry
Abbaye de Saint-Guénolé de Landévennec
Auteur de *Présent Intérieur* et *Instants de Préface*
Décembre 2014

Boquerón, août 1994.

Fleur d'Étoile.

C'est une étoile du Nord qui vécut dans le sud,
N'ayant pour oraison que le goût des passions,
Et pour faire de sa vie une si belle attitude
S'est épanouie en fleur à tous les horizons…

    De son charme naturel en déployant ses ailes
    Elle ne s'offre à la vie que par un chant d'amour.
    L'éclat de ses sourires aux essences pastel
    Fait rayonner son être un peu plus chaque jour.
    De voyages en rivages au-delà des frontières,
    Elle transporte une joie que tout le monde envie,
    Resplendissante d'un souffle d'une âme printanière.
    Combien de fois fait-elle vibrer nos cœurs aussi…
    Jolie fleur d'étoile d'où puises-tu ces élans ?
    De cette simplicité qui est source limpide
    Ou bien d'un désir fou de donner à tous vents
    Cette couleur si chaude d'un amour intrépide !
    Les larmes de tes peines ne sont que passagères
    Car l'endroit de ton cœur n'est jamais à l'envers,
    Et le ciel de tes yeux tout empli de lumière
    Fait chavirer ces bleus au fin fond des déserts.

Tu brilleras longtemps petite fleur de mes rêves
Tout au long du chemin qu'ensemble nous partageons…
Je ferai de mon mieux pour garder cette sève,
Fruit délicieux et tendre d'une harmonie sans nom.

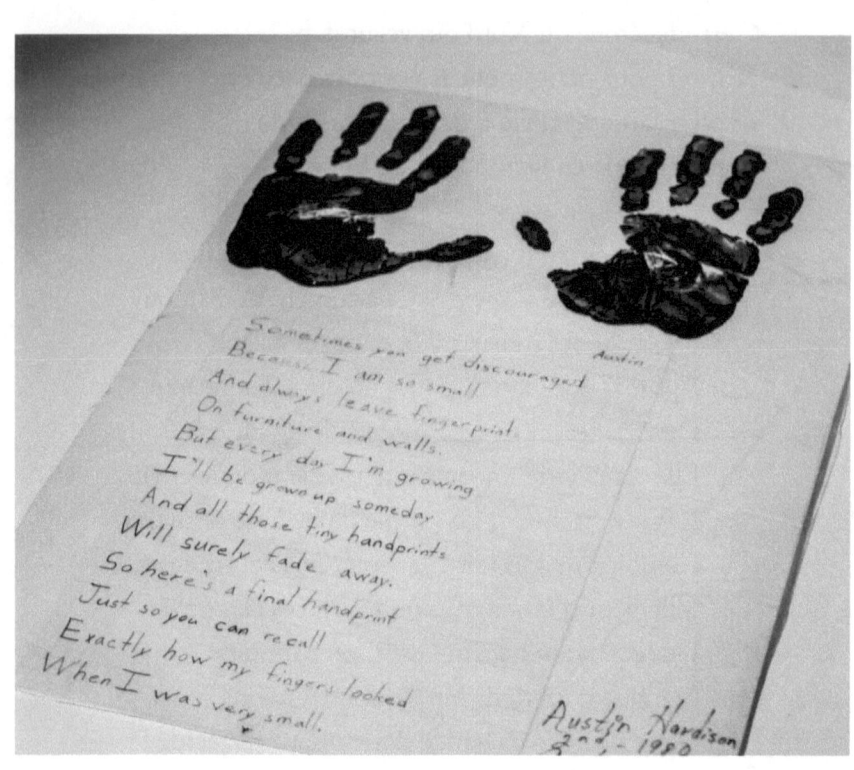

Le 6 novembre 2005.

Austin, Cher Austin.

Une chanson simple pour toi dans la chaleur de l'automne
Pour se souvenir toujours que dans nos cœurs tu resteras
Proche, si proche de nous pour toujours et à jamais.

Un jour il n'y a pas si longtemps, un voyage a emporté
Quelqu'un qui est bien-aimé et chéri de tous.

À la mémoire de toute la Joie et l'Amour que nous avons partagés,
Tu nous as donné tous ces cadeaux, précieusement gardés.

Et même si parfois tu nous manques tant à tous,
Quelque part pas loin d'ici le ciel est toujours bleu
Pour nous faire savoir intérieurement combien tu nous aimes…

Version originale du poème : *Austin, Dear Austin*. Traduit de l'anglais.

Juin 1988.

Parfums de Solitude.

Parfois si fortes, odeurs si tristes…
La déchirure a traversé un soir d'été toutes mes pensées.
Juste la douleur, un cri du cœur et quelques pleurs !
Cette solitude inoubliable qui nous fait mal.
Parfois si douce, souvent amère mais sans repères…
Que tant de notes couleur soleil, soulèvent en moi
La Joie de croire…
La Force d'en vivre…
L'Amour de l'être…
Il n'y a plus rien dans leurs regards et dans leurs mains.
Une désespérance folle nous envahit, puis nous trahit.
Où sont partis tous ces amis qu'on croyait proches ?
L'avion s'envole, les fleurs se fanent, nos cœurs se serrent…
Imperceptible sensation remplie du soufre qui m'enflamme,
Soudain réveille, trop de violence, tant de distance…
Il faudrait dire, et puis encore… qu'avec un rire et de sourire…
Nos mots brûlants pris dans le sang…
Ne sont que Sons et resteront rien que des Sons.

Septembre 1988.

À la Dérive d'un Cœur Perdu.

Tant de questions nous ont laissés tout étourdis et sans réponses…
Que dire de plus de cet amour, âme en passion…
Qui dans un cri d'appel au-secours n'a pu dire non,
Dans sa détresse à la dérive, qu'elle était juste, juste fragile…
Tu nous laisses tout en héritage…
Ton art de vivre, toutes ces couleurs, ton attention
Et cette écoute pleine de chaleur qui a jamais empli nos cœurs !
Ailleurs seulement et quelque part, on gardera ces quelques pleurs…
Puis nos douleurs qui bien souvent d'un mal de vivre embrument nos âmes.
De cette foi, que tous les jours dans ta pensée nous recherchons,
Peut-on savoir où est la voie ?
Si une réponse puisse-t-il avoir, nous ne pouvons qu'y croire profondément.
La vérité, en la vivant tout simplement, nous rendra libre et certainement,
Heureux de l'être…
Malgré ce manque de ton sourire, qui nous déchire par son absence,
Que brusquement un soir d'hiver nous a privés.

Segonzac, octobre 1990.

Au Bar des Serments.

C'est au bar des serments que s'est fait cette histoire,
Et cette histoire banale on va vous la chanter,
Puisqu'on se l'est racontée toute la sainte journée…

De n'importe quelle union de n'importe quelle couleur,
C'est au bar des serments qu'on fit la réunion…
De n'importe quelle union de n'importe quelle couleur,
La musique est un cri que tout le monde envie.
De n'importe quelle union de n'importe quelle couleur,
La musique est un cri aussi beau qu'une fleur…
On s'était rencontrés sous le vent des vendanges,
Nous n'étions pas trois anges mais rêvions comme archanges.
Et si de temps en temps sous le vent des vendanges,
Nos trois cœurs d'archanges volaient comme des anges,
C'était juste pour nourrir, le temps de ces vendanges,
Nos rêves de baroudeurs aux cent mille couleurs…
De n'importe quelle union de n'importe quelle couleur,
La musique est un cri aussi beau qu'une fleur.
De Vallet à Cognac nous ne sentions pas le trac
Et puis quelques fric-frac nous ont donné la claque…
Ce n'était pas Jojo ni non plus l'grand Jacko
Qui frappèrent sur nos dos pour ces jeux de charlot.
De n'importe quelle union de n'importe quelle couleur,
La musique est un cri que tout le monde envie.
On est resté en vie au-delà de la survie
Parce qu'on s'était tout dit pour respecter nos vies,
Nos musiques et nos fleurs ont réuni nos vies
Parce qu'on avait dans le cœur la joie de nos trois vies…
La Musique fut ce cri qui pour nous reste inscrit.

B.J avec Francky

Paris, décembre 1990.

Fortune de Cœur.

Mais de messages en aventures, pourquoi nos vies sont-elles si dures ?
A-t-on compris que ce qui dure, n'est pas luxure et pourriture…
J'aimerais vous dire plutôt qu'écrire,
Que d'aventures en aventures, je n'ai trouvé que des coupures.
Et de fortune en infortune vers quelles couleurs plongeront nos cœurs !
Faut-il se dire que pour nos pleurs et ces douleurs toutes sans chaleurs,
La direction, en la cherchant, ne peut juste qu'être, et qu'être seulement,
La voie du cœur et du bonheur…
Si vous avez la force d'un être, ou celle peut être d'un cœur d'enfant,
Ouvrez-le vite et sans tarder laisser entrer,
La joie d'une heure pleine de couleurs, qui simplement changera l'humeur !

Janvier 1991.

Est-ce à Cause de Vous Autres.

Le noir de mes pensées m'a toujours fait songer
Que pour quelques regards ou paroles échangées,
La valeur de nos actes avait un goût blafard.

Je ne peux m'empêcher de souffrir en silence
Pour le sang qui s'écoule au revers de la lance
Qui tant de fois transperce l'endroit d'un cœur à part...
Est-ce à cause de vous autres, ces cicatrices en feu,
Cette ignorance pesante aux contours de mes bleus,
Le chagrin que je porte dans mon âme éperdue !
N'y a-t-il pas plus loin, dans vos pensées si lâches,
Une lueur tolérante dépourvue de jugements,
De critères insensés, de tout autre haïssement...
Est-ce à cause de vous autres si je crois que ces flashs
Sont devenus images et parcourent ma torture...
N'ayant pas de réponse à cette vague qui dure,
De mes griffes acérées je meurtrirais ma peau,
Pour démontrer sans cri que rien n'est de plus beau,
Qu'un peu de cran suffit à soulever cet étau.

J'aimerais seulement vous dire que d'une cause à l'autre,
Si nous pouvions chasser nos tempêtes d'orages,
Effacer tous ces maux échappés d'un nuage,
Des couleurs d'une haine, par trop souvent glaciale,
Nos paroles, sous le poids, de ce si lourd fardeau,
Qu'il faudrait mieux laisser pour ne pas nous blesser,
Reprendraient-elles enfin un parfum de bonté !

Le 8 juin 1998.

Lumières.

Mon Dieu,
    Vous m'aviez tout donné et je n'ai rien partagé.
Mon Dieu,
    Je croyais tout savoir et je n'ai rien retenu.
Mon Dieu,
    Nous avons tous au cœur des parfums étrangers…
Mon Dieu,
    La joie qui brûle en moi est-elle source de foi.
Mon Dieu,
    Est-il vrai que la paix comble les âmes simples.
Mon Dieu,
    Quand s'arrêtera la haine au fond de l'âme humaine.
Mon Dieu,
    Faut-il tout pardonner et ne rien réclamer.
Mon Dieu,
    La paix et l'espérance seront-elles délivrance.
Mon Dieu,
    Allons offrir ces fleurs qui donnent du baume au cœur.
Mon Dieu,
    N'ayons plus peur de dire qu'il n'y a rien à maudire.
Mon Dieu,
    La couleur de ma peau n'a plus peur de ces maux.
Mon Dieu,
    Ce oui que tu nous donnes est source de bonté…

Janvier 1991.

Ma Blessure Alcoolique.

C'est comme une blessure qui n'a peur de l'usure,
Sans cesse elle me murmure, que jamais rien ne dure…

Pourquoi cette blessure, au fond des veines dure,
Et si forte qu'elle soit dure toujours elle me murmure
Que sans cesse elle me blesse et m'oppresse en mes maux…
Et ces maux devenant bien plus noirs qu'un tombeau,
N'ont plus peur de l'usure mais seulement d'un hasard,
Ce hasard qui me stresse et me pousse au cafard !

C'est comme une blessure, une blessure alcoolique,
Qui m'invite nuit et jour à être mélancolique.
Et par mélancolies et folies de ma vie,
J'ai ouvert sans un cri, la porte à ce faux pli…

Lorsque tout se referme sur mon chagrin sans haine,
Je cours à perdre haleine pour entendre mes veines,
Mais au bout du chemin sentant que le poison,
Attire ma déraison vers de sombres prisons
Et que de toute façon cette éphémère passion
N'a de but ni de sens, si ce n'est qu'une impression !

Sans réponse à ce son qui transperce mon cœur,
Je n'offre que ma chaleur et le vert de mes pleurs
Qui vous diront peut-être pourquoi j'aime tant les fleurs.

New York, février 1991.

À l'Ombre d'un Lotus.

Pour trop souvent chercher ce qui te fleurissait,
J'ai laissé se faner le baume de mes pensées…
Et d'avoir tant songé quand tu resplendissais
J'ai oublié d'ouvrir la porte à tes sourires.
Il n'y a pas de remords pour ces instants passés,
Seulement le vague à l'âme d'un refrain effacé
Que par goût d'inespoir je n'ai pas pu cacher.
Comment pourrais-je te dire du venin de mes maux,
La flamme qui brûle encore au fond de mon cerveau ?
Ces souvenirs indigo que le temps me renvoie
M'aspirent au creux du fleuve, étouffant mon émoi !
Et puis jour après jour, essayant de gommer,
La couleur de tes fleurs dont mes yeux sont brûlés,
J'en arrive à penser que ton ombre m'a blessé.
Est-ce un chagrin sans fin l'amour qui tue les cœurs,
Ou bien le revers flou d'un parfum sans chaleur ?
Sous l'ombre de nos humeurs, différentes et rebelles,
A-t-on vécu au moins une seule fois pleinement
La folie d'une passion éblouie d'étincelles
Jaillissant d'un miroir qu'on croit aveuglément ?

Papillon de mes nuits, un lotus bleu s'envole,
Et comme un bateau ivre que le vent fait danser,
Je me fonds dans le pli de tes ailes bleutées,
Cherchant éperdument les coraux d'un atoll
Où s'enfuirait l'ivresse de ma mélancolie…

New York, février 1991.

Baladin d'une Passion.

Il a eu dans son cœur enflammé de passions
Bien plus de déchirures que de tendres frissons.
Il avait si souvent sous son regard d'enfant,
Des désirs bleus ardents qu'on ne peut les décrire.
De son indifférence, il fit un jeu brûlant,
Et jouant de son charme il a construit son drame.
Il volait au-delà des horizons sans fin
Cherchant sur son chemin un refuge à son âme,
Se prouvant corps et bien que d'un amour à l'autre,
On lui donnerait le souffle passionné des lendemains.
Baladin, funambule, s'effarouchant de rien,
Emprisonnant son cœur pour ces parfums de fleurs,
Que les femmes si souvent offraient pour quelques liens…
Les jours, mois, les années simplement s'écoulèrent
Dans une nonchalance qui lui allait si bien.
De sa désinvolture il créa l'aventure,
Mais de ces aventures aux dénouements plaintifs
Il trouva l'amertume au fond de sa torture
Et dans cette amertume qui le poussa si loin
Il dénoua à jamais ces liens d'incertitude,
Effaçant doucement ses heures de solitude
Afin de retrouver ses désirs de passion
Et qu'enfin pour toujours rien ne vienne à ternir,
L'émeraude de son regard aux cent mille visions
Il plongea dans son cœur une lame pour ne plus souffrir…
    Baladin d'une passion, ton cœur eut-il raison ?

Janvier 1991.

Petit Chagrin des Îles.

Tu avais si souvent le cœur à marée basse
Qui reflétait parfois ces couleurs orangées,
Qu'ont les îles de Java au plein cœur de l'été…
Je n'ai pas pu changer le voile de mes pensées,
Car ce chagrin des îles devint plus fort qu'un thé.

Tu avais si souvent ces parfums de tendresse
Qu'ont souvent les tigresses dans la jungle qui blesse.
Jamais je n'oublierai combien j'ai détesté
Ces moments de bonheur où planait l'amertume,
Comme un refuge tranquille emprisonnant l'écume,
De mes souvenirs pastel sous un cœur cabossé…

Tu avais si souvent le charme des poissons
Que nous croisions au fond des lagunes azurées…
Je me rappelle encore ce grain couleur café
Dont ta peau se parait le temps d'une moisson.
Et quand de temps en temps ou parfois trop souvent,
Mon cœur à la dérive de ce chagrin des îles,
Laisse couler tant de larmes au parme du printemps,
Je t'imagine au loin petite fleur sans sourcils…

Tu avais si souvent les rires de ton sourire
Dans tes passions d'enfant généreuse et sans fin,
À croire que l'impossible t'a poussée à t'enfuir
Vers un univers flou, désertant mon chagrin…
Petit chagrin des îles, je t'en prie prends ma main
Qui ne sait plus aujourd'hui ce que sera demain…

Janvier 1991.

Au Désert d'un Désir.

Ce serait pour l'espoir que s'ouvrirait la faille
Aux portes d'un désert que nul être ne saurait voir...
Il suffirait d'y croire pour que chacun s'en aille,
Au désert d'un désir des couleurs de l'espoir...

J'aimerais tant pour ce jour que fleurisse l'espérance
Et qu'enfin à jamais se fane la souffrance...
S'il y avait pour nos cœurs et nos âmes esseulées,
Cet oasis ocré et rempli de parfums,
Nous prendrions le temps de seulement s'arrêter
Pour savourer sans peur la lueur du destin...
De la désespérance qui chaque jour envahit,
Nos êtres si fragiles et couverts de blessures,
Il nous faudrait chercher ce pollen bleu rubis
Et laisser sans remords le noir de nos morsures...
Ce serait pour la vie au désert d'un désir
Qu'on aimerait s'y plonger pour librement penser
Et simplement cueillir ces fruits qu'on aime offrir...
Il faudrait pour le dire, bien plus qu'un océan,
Soulevant droit devant toutes ces roses des vents.
Alors tout doucement nos tempêtes apaisées
Retrouveraient au loin le son doux d'un baiser...

Puisqu'il est tard ce soir ou trop tôt pour songer,
Laissons-nous chavirer sous ce vers opaline
Que ce désert brûlant aspire comme une rime...

New York, février 1991.

Nuage Blanc des Roseaux.

Qu'as-tu fait de tes rêves p'tit enfant camarguais ?
Toi qui savais si bien, sur ces terrains sauvages,
Dompter ta liberté sans limite au courage,
Pour ces chevaux fougueux et sans cesse aux aguets !
Ils t'ont tous fait courir à t'en faire perdre haleine…
Mais au-delà de tes forces, plus battantes qu'un pur-sang,
Ta volonté d'acier apprivoisa crin blanc,
Pour qui ton faible a eu les couleurs de ta peine.
Cette enfance passionnée dans ton cœur de gitan,
Que d'un étang à l'autre tu baladais sans fin,
Aurait-elle quelque peu souffert du lourd chagrin
D'avoir seulement laissé dans l'ombre des roseaux,
L'amour d'un animal si respectueusement beau ?
Si ce n'est pas l'abandon, pourquoi au fond de tes yeux
Toutes ces larmes orangées et ces rides effeuillées,
Que les années lointaines ont gravées dans le creux
De ton visage cendré aux parfums d'un été ?
Lorsque aujourd'hui encore dans ma mélancolie
J'erre vers ces étendues où les vents se balancent,
J'aperçois les crinières effarouchées des tiens…
Et le son d'un saxo volant dans les roseaux
Vibre sous les violons galopants des gitans !
Qu'as-tu fait de tes rêves qui sont devenus miens ?
Seul frère de mes passions, je vis et crie ton nom
Pour qu'au bout de l'étang j'y trouve ce compagnon…

Riviera Beach, le 3 juillet 1994.

Évasion.

Couchée dans ton linceul
Toute éperdument seule,
Tu rêves à des chimères qui n'ont qu'un goût amer.
Et pour quelques cruzeiro
T'abandonnerais la Terre
Avec quelques gringos ou des magiciens d'Oz…
Tu rêves si souvent
Et inlassablement
Tu cherches à t'évader de la réalité.
N'aurais-tu pas un jour
Égaré ton Amour,
Loin de cette beauté que la vie t'a donnée ?
En désertant ton être
Pour tout faire disparaître
Ta blessure nous atteint comme un vent du destin…
Retrouveras-tu l'espoir
Et l'envie de revoir
Ton visage merveilleux qui existe à nos yeux ?
Puise ta force et ta foi
Et redonne avec joie,
Ces sons qui sont en toi au fin fond de ta voix…

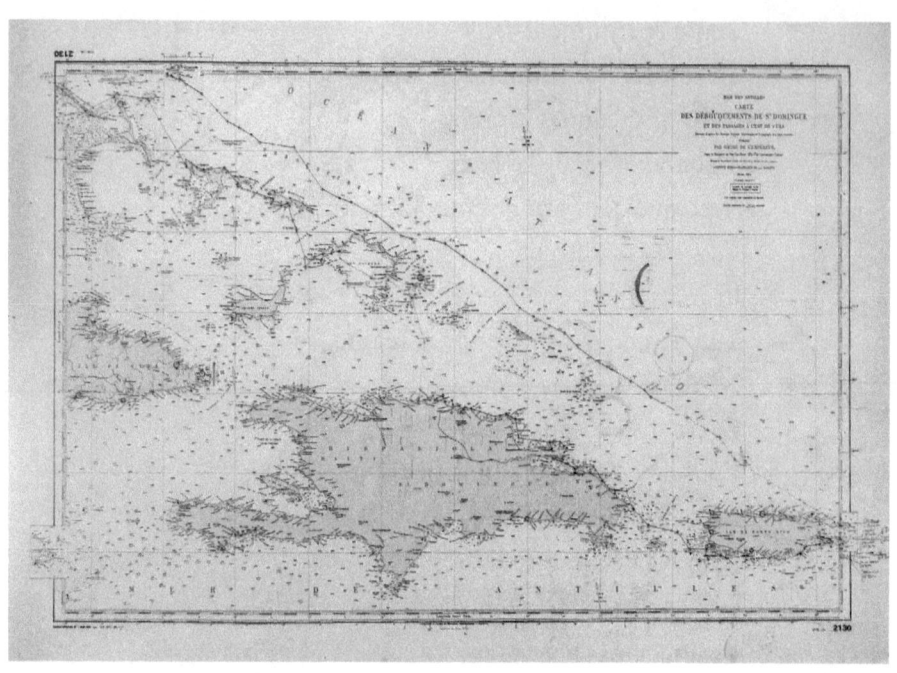

Novembre 1994.

De la Vallée du Charme au Pays de Nos Pleurs.

Par ces chemins de vie qu'ensemble nous parcourons,
On voit se dessiner l'immensité des cœurs
Et pour tous et chacun tout au long des saisons,
Un seul désir unique nous pousse vers l'harmonie...
Pour toutes ces solitudes au fond de nos attitudes
Qui trop souvent vécues dans l'ombre du désespoir,
Ouvrons nos mains fragiles à l'immense plénitude
De la bonté de l'être qui n'a plus peur de croire...
Arrachons de nos corps, la jalousie des mots
Pour ces intolérances enflammant nos passions,
Laissons nos combats fous enfermant tous ces maux
Au pays de nos pleurs dénudés de raison.
Et si nos plaies sans fond nous renvoient la douleur,
Accrochons-nous plus fort à l'amour que l'on porte,
Pour la paix de nos cœurs aux multiples couleurs,
Apprivoisant sans fin les joies qui nous transportent...
Dans le creux de nos vagues, donnons tout simplement,
La force de puiser l'énergie de l'espoir,
Sans laisser sommeiller notre foi à tous vents
Et redonnons couleur à tous ces au-revoir...
Car dans le cœur des hommes tourmentés de tempêtes
S'y trouve une richesse qui chaque jour grandit.
Alors n'ayons plus peur et recréons à la fête,
Dans la joie du partage et l'amour de la vie...
En laissant respirer notre simplicité,
Pour enfin mieux comprendre ce mot humilité...
Tout en apprivoisant l'étrange sérénité
Et recueillir l'aurore des beaux matins bleutés.

Mai 1994.

Partage d'un Rêve de Vie.

Si d'aventures en aventures, à la croisée d'une seule rencontre,
Nos cœurs fragiles n'en furent plus qu'un,
On peut se dire qu'il est un jour pour qui ces cœurs s'unirent d'amour…
Partis d'un rien, possédant tout,
Pour faire renaître le temps d'un rêve qui s'écoulerait toute une vie,
L'envie si forte de partager, cette joie de croire et plus encore,
La force de l'être qui d'harmonie nous a donné l'amour d'en vivre…
Cette destinée qui a choisi, du souffle ardent de nos passions,
Lier nos corps à ce désir,
Fait rayonner tant de beauté,
Qu'au fil des jours de notre vie, tout simplement nous nous aimons.
Sourions encore à nos élans d'un rêve de vie que l'on partage
Et préservons Amoureusement ce long chemin de la confiance,
La joie de croire, la force de l'être, l'amour d'en vivre…

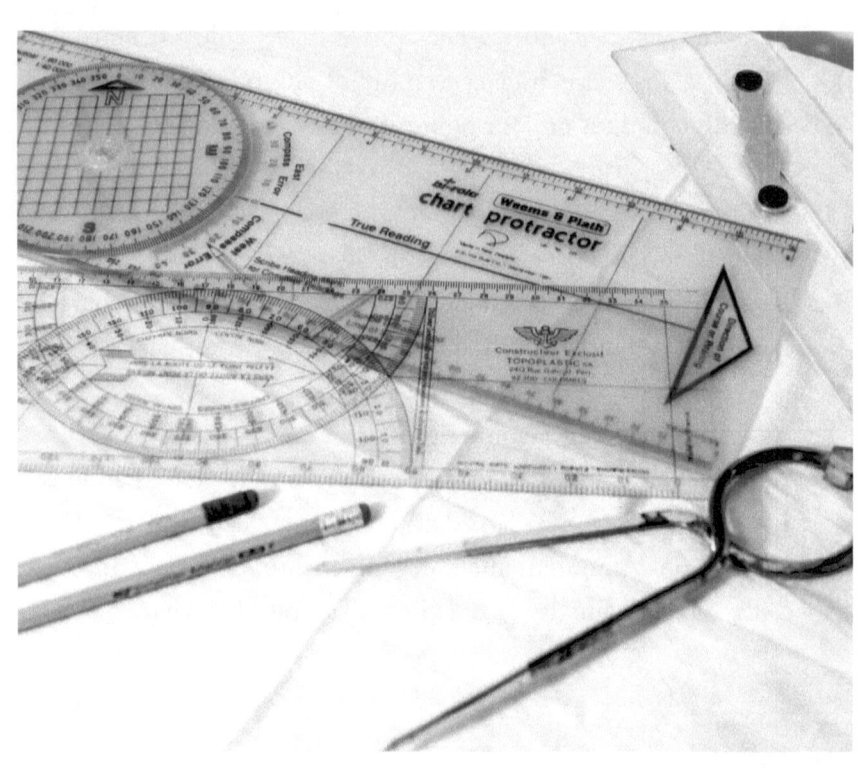

Mars à décembre 1998.

Les Traces de Nos Destins.

Mais où sont-elles passées pendant toutes ces années,
Les traces de nos destins simplement dessinées ?
Et d'avoir trop cherché pour parfois s'en lasser
A-t-on laissé tomber l'idée de s'évader ?
Mais ces photos des îles, que t'ont-elles racontées…
Qu'il faut toujours chercher sans jamais s'attacher !
Reverra-t-on un jour dans l'ombre de nos nuits
La lueur d'un espoir brisant ces chagrins noirs…
Que faut-il dire de plus pour la joie de nos pleurs,
De ces questions sans fin traversant nos destins.
Et même si toutes ces traces accrochent le vague à l'âme,
Saurait-on parvenir d'une simple rive à l'autre,
À parsemer de fleurs tous nos chemins de vie…
Afin que ces tempêtes chassent au loin tous ces drames,
De nos souvenirs brûlants il nous faut bien parfois,
Au-delà des passions et tous ces horizons,
Composer un refrain qui cherche en nous les liens,
D'un passé si fragile et du temps qui l'anime.
Malgré nos au revoir qui ponctuent les rencontres,
A-t-on vraiment trouvé chacun sa destinée,
De toutes ces aventures qu'on a su dessiner
Pour remettre à demain les traces de nos destins.

Le 28 mars 2006.

Pardonne-Moi Mon Dieu.

Pardonne-moi mon Dieu car souvent je m'égare
Pardonne-moi mon Dieu et vois ton fils en peine.
    Mes yeux jugent, mon cœur saigne et je me sens si faible...
Pardonne-moi mon Dieu car souvent je défaille
Pardonne-moi mon Dieu je ferai de mon mieux.
    Les couleurs de mes maux n'ont si peu raison d'être...
Pardonne-moi mon Dieu car facilement j'oublie
Pardonne-moi mon Dieu je cherche ta lumière.
    Mes actes et mes pensées souffrent d'authenticité...
Pardonne-moi mon Dieu car parfois je m'enfuis
Pardonne-moi mon Dieu toujours pêcheur je suis.
    Ma prière est fragile mais ma foi est en quête.
Pardonne-moi mon Dieu lorsque mes bras se ferment
Pardonne-moi mon Dieu mes forces me reviennent.
    Ma confiance reste en toi en cherchant ton pardon...
Pardonne-moi mon Dieu de douter aujourd'hui
Pardonne-moi mon Dieu car demain sera mieux.

Le 26 janvier 2006.

À Cœur Ouvert.

Croyant l'avoir perdu, j'ai retrouvé ma voix
Et par la joie d'écrire mes larmes en ont coulé...

J'ai bien eu si souvent le cœur à marée basse,
Mais une Fleur d'étoile m'a sauvé du naufrage !
On s'était rencontrés sous le vent des vendanges
Et depuis tout ce temps rien n'a changé la trace
D'un destin d'aventures parsemé d'innocence.

Mais cette mélancolie dont je m'enivre aussi,
Dans la beauté du verbe et la douleur du mot,
Est une réponse en vers et parfois contre tout,
Ce qui nous désespère dans le creux de nos maux...

La dualité tenace nourrissant toutes choses
Prend ces chemins confus et déroute nos pensées,
Captivant l'univers de nos contradictions...

Je ne saurais vous dire pourquoi c'en est ainsi,
Mais parmi mes voyages je peux vous assurer
Que dans l'individu sommeille la bonté.

N'avons-nous donc pas maintes fois adouci,
La dureté de nos cœurs pour ces regards d'enfants
Insouciants et rieurs dont la joie en dépend...

Même si mon bateau ivre traverse des tempêtes,
Je crois à l'horizon de cette Paix qui attend
D'accueillir l'homme heureux, enfin libre et serein.

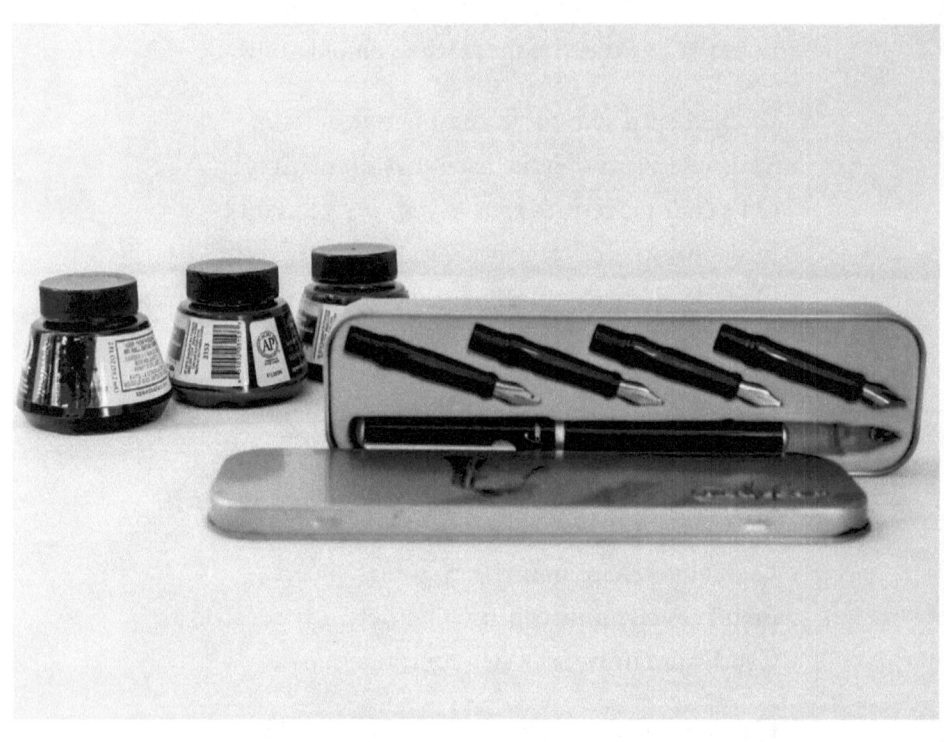

Janvier 2006.

Jet d'Encre.

Ne cherchons pas ailleurs ce qui déjà en nous,
Porte les fruits si doux d'une Paix tant cherchée !
N'écoutons pas tous ceux qui sans cesse se plaignent,
De n'avoir rien trouvé sans même avoir cherché...

D'un être humain à l'autre pourquoi accentuons-nous,
Le froid des différences au tranchant d'une lame ?

Par ces bonjours fragiles et ces regards absents,
Fuyant chaque matin un contact si simple,
Nous errons tous ensemble dans cet univers fou.

Que se cache-t-il en nous dans la peur de nos yeux ?
Est-ce l'indifférence d'une extrême lassitude
Qu'enferme les forteresses de toutes nos attitudes,
Ou peut-être mieux encore ce refus d'être heureux.

Parfums de solitude nous lâcheras-tu un jour...
Estomperas-tu aussi ces vagues d'amertume,
Dans nos carcans de fer irradiés d'un poison,
Inodore et sans nom qu'on ne peut s'en défaire...

(cont.)

(suite)

Et puisque tout fut dit déjà dans le passé,
Permettez-moi encore de retrouver l'essence
De tous nos maux brûlants et d'en fermer les plaies…

Pour ce oui qui parfois veut bien souvent dire non,
Apprivoisons-en mieux la dualité du jeu.
Que faut-il donc alors pour qu'un brin de clarté,
Réveille en nous la joie d'ouvrir son cœur à l'autre ?

Les réponses à nos cris de ces questions sans fin
Naîtront sur les chemins de nos vies éternelles !
Alors pourquoi douter sur ce si long parcours,
Quand pour le grand voyage nous partirons un jour…

Janvier 2006.

Rêvant d'un Autre Monde.

Plus fort qu'une blessure jaillissent en couleur
Mes larmes de bonheur pour un monde plus pur.

    Dans mon rêve insouciant mille craintes m'atteignent
    Car c'est un cri perçant qui m'émeut tant de fois
    Chavirant les contours de ce cœur cabossé…

Et l'aube des matins perpétuellement réveille
La vision d'un pays repoussant toute haine
Où j'y puise une force qui jamais ne sommeille.

    Je ne peux que chérir cette intuition précieuse
    Qui m'interpelle alors dans le bleu de mes maux
    Mais m'invite au voyage et me pousse à faire mieux.

Rêverie, tu t'enjoues de mes désirs ardents,
Mais la joie d'un sourire si gracieusement donné
M'accompagne au-delà de mes pas trébuchants
Vers ce monde qui m'inspire à la simplicité.

Le 30 janvier 2006.

Aux Frontières de la Douleur.

Aux frontières de la douleur on ne peut avoir peur,
Car les secrets du cœur sont source de douceur !
Allons puiser serein un peu plus chaque jour,
Les ressources essentielles aux couleurs de l'amour…
Sachons laisser porter le poids de nos fardeaux
À l'autre qui tend sa main de générosité…
Alors que tant de fois, n'acceptant pas nos craintes,
Notre fierté inhibe tous ces élans si beaux.

Aux frontières de la douleur asséchons tous nos pleurs,
Car le vent des marées dans nos cœurs esseulés,
N'emporte pas ce chant aux notes solitaires…
Et même si la dérive semble plus forte en nous,
Des océans de paix sont à portée de main,
Qu'il nous reste à cueillir dans ce chant qui se plaint.

Territoire de douleurs tu n'as plus de frontières
Car nous pouvons briser tous enfin tes barrières,
Par une simple joie de vivre en harmonie,
Dans la foi qui nous mène, Libres et certains de l'être.

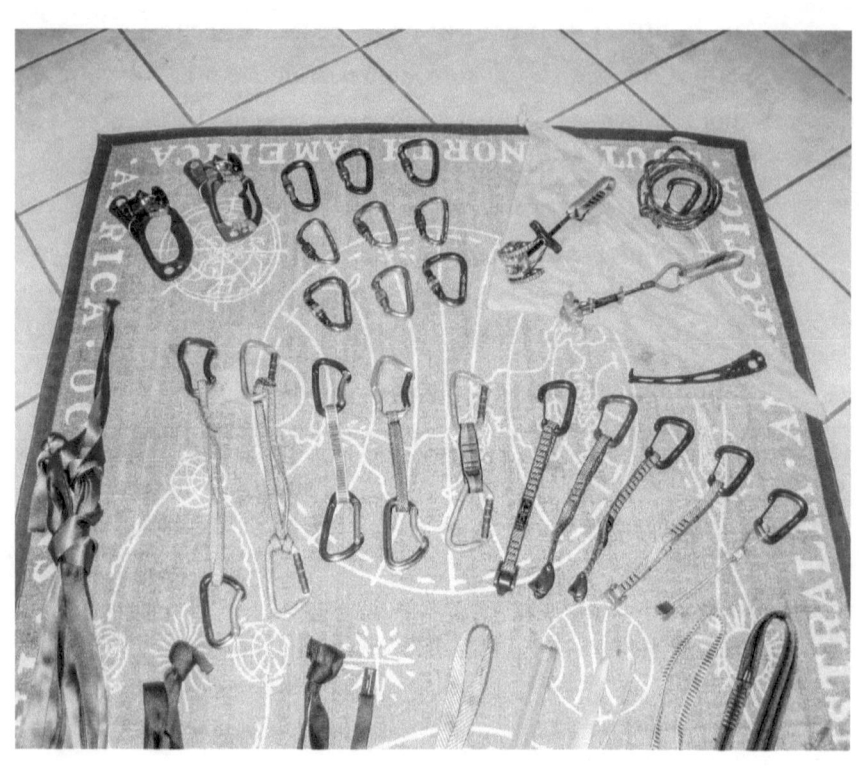

Janvier 2006.

Au Pays des Grandeurs.

Du détroit de Béring à la pointe caraïbe, il y avait un pays qui jadis fut si beau !
Au pays des grandeurs qu'ont-ils fait des couleurs où un peuple si grand avait trouvé sa voie.
L'histoire le prouve encore et n'a rien oublié d'un passé de souffrance infligée à ses frères…
Dans l'injustice amère dont ces peuples ont souffert, retrouveront-ils un jour la force de Pardonner ?
Ces faux-semblants cachés des visages d'aujourd'hui, tentent inlassablement d'estomper Leurs blessures !
Par leur domination ils écrasent les nations d'empreintes indélébiles dont ils façonnent la terre
Et dans ce contretemps noyé de suffisance, la face du monde aussi qui n'a pas peur d'en rire,
Maladroitement copie cette partition d'errance.
Toutes ces énormités dans leur obésité, ne sont-elles pas l'envers d'une culpabilité,
D'en vouloir un peu plus sans trop savoir pourquoi ?
Et parfois l'ignorance de cet état d'esprit, fait jaillir le venin de mes mots acérés
Et pousse en moi l'envie d'en devenir aveugle…

(cont.)

(suite)

Du détroit de Béring à la pointe caraïbe, il y a un pays qui masque sa détresse !
Et pourquoi ces combats prônant la Liberté alors qu'en les faisant vous la contrecarrez.
Laissez donc pour toujours vos armes en feu qui saignent…
Et respectez la Vie dont vous privez vos frères.
Ce monde qu'on dit moderne où la violence est reine a grand besoin d'Amour pour effacer Ces peines !
Il faut cependant dire qu'il y a partout des êtres qui portent encore l'espoir et font tomber
Les chaînes, de toute cette haine humaine, égoïste et malsaine.
Oh, somnambule errant, ouvre tes yeux à temps, car c'est pour nos enfants vivant dans ce présent, qu'il nous faut protéger cet avenir si fragile !
Qui pourra dire alors qu'au pays des grandeurs, il n'est plus petitesse pour ternir le Bonheur.

Du détroit de Béring à la pointe caraïbe, il y aura un pays qui redeviendra Beau…

Février 2006.

Enfants du Millénaire.

Vers quel nouveau visage l'humain s'est-il tourné,
En brisant trop souvent les valeurs du passé…
Tous ces enfants sans père, sans mère aussi parfois,
Que la vie voit grandir dans ce vide incomblé
Vont fragiles, sans repères, dans nos villes enflammées.
Qu'a-t-on à leur offrir de nos foyers brisés ?
Une image désunie, des valeurs estompées…
Quelles couleurs jailliront de tous ces lendemains ?
L'ombre d'un refrain sans fin, douloureux, incertain…
Famille oh toi qui tiens les liens qui nous unissent,
Ne laisse pas s'échapper tout au fond des abysses,
Nos richesses humaines trop souvent saccagées…
Peut-on prétendre encore, à ce peu de décence ?
Apprenons à faire choir nos plaintes en partance.
Tous ces biens matériels si loin de l'essentiel,
Ne nous rapprochent-ils pas d'un tout superficiel ?
Combien de fois aussi on peut entendre dire,
« Ah ces jeunes aujourd'hui », tandis que c'est hier
Qu'il nous fallait maudire tous ces choix éphémères !
Pauvre enfant errant seul dans ces froids paysages,
Cherches-tu à recréer dans tes graffitis fous,
Une pluie de couleurs dans tes actes sauvages,
Exorcisant les peurs de cet univers flou…
Alors ouvrons les portes, étroites de l'indulgence,
Sans omettre de fermer celles de l'intolérance…
Enfant du millénaire, puisse ta force et ta foi,
T'emporter au-delà d'un certain désarroi.

Mars 2007.

Les Larmes de Joie.

Pour ceux dont coulent les larmes et qui luttent dans la peur,
Il n'y a pas de terre déserte pour oublier et pardonner,
Mais dans ton cœur seulement la joie sera reçue !

Dans les ombres de la honte au fond de tes souvenirs,
Ne laisses pas le temps ancrer la peine de tes blessures,
Car tu ne trouveras jamais le bonheur…

Passagers sur la Terre, nous tous portons ce poids,
À la recherche de l'harmonie avec la douleur de nos tourments
D'autres tragédies nous attendent certainement…

Du passé de l'enfance, à la quête de l'existence,
Continue d'avancer pour briser toutes les frontières,
En aimant et partageant la joie de toutes nos larmes.

Pour toutes les petites choses que seul un sourire apporte,
Ne te laisse jamais aller à cacher ton naturel,
Mais garde simplement à l'esprit, qu'un cœur ouvert peut chanter !

Pour ceux dont coulent les larmes, la peur est devenue du passé
Et un avenir si clair paraît être désenchaîné,
Puisque a été emprunté le chemin pour guérir en profondeur les douleurs…

Version originale du poème : *Tears of Joy*. Traduit de l'anglais.

Le 16 mars 2006.

Vent Triste.

Oh triste monde errant vois ta douleur profonde
Qui raisonne et qui gronde dans une folle ronde !

Apprenti de la Terre, tu vis dans le mystère…
Ouvre tes yeux et pleure, puis soigne la douleur
Des cicatrices en feu d'un paysage austère.

Mère Nature qui pourtant mille fois sait pardonner
Nos erreurs inhumaines et nos faux-pas tremblants,
Sembles-tu aujourd'hui t'armer d'une colère
Qu'irréversiblement nous ne pouvons contrôler ?

Oh monde triste pourquoi poursuis-tu ces folies
Qui n'ont pas besoin d'être enchaînées dans l'histoire…
Et t'obstinant sans cesse sur ces flots de bassesse,
Tu t'écartes du cœur des sources du bonheur.

Vent triste de mes pensées je me sens fatigué
Et parfois tu m'entraînes vers tant d'indifférence
Que mon cœur esseulé n'a plus beaucoup de chance
De maîtriser ses peurs dans ce monde désolé…

Le 26 mars 2006.

Comme un Rayon de Pluie.

Écoute un peu la vie qui coule dans tes veines,
Prends le temps de t'asseoir au bord de la rivière,
Vois l'enfant insouciant qui joue à perdre haleine
Et tu découvriras qu'un seul pas reste à faire.

Dans la simplicité de ces moments exquis
Où le bonheur léger vogue dans sa douceur,
N'aie pas peur d'oublier ce tumulte étourdi
D'un monde assourdissant, égoïste et sans cœur.

Laisse la lueur de l'aube ou ce rayon de pluie
Transpercer le secret des émotions cachées,
Dans ton être vivant qui toujours à l'écoute,
Saura donner le ton à toutes ses sensations…

Ne retiens pas non plus la perle d'eau des yeux
Qui t'émeut ou t'attriste à l'oraison d'un son,
Aux bruits fous de nos maux, aux chants doux d'un oiseau,
Car en ouvrant ton cœur tu t'y ressourceras mieux !

Avril 2006.

Espérances.

Je crois en toi Seigneur pour la joie, le bonheur
    Que tu portes à mon cœur pour estomper mes pleurs.

Je crois en toi Seigneur car sans cesse tu veilles
    Auprès de l'âme humaine qui si souvent sommeille.

Je crois en toi Seigneur, tu n'abandonnes jamais,
    Tes enfants sur la Terre recherchant ta lumière.

Je crois en toi Seigneur car dans la communion
    Je comprends ton pardon et nourris notre union.

Je crois en toi Seigneur pour nous avoir donné
    Ce fils pour nous montrer les chemins de bonté.

Je crois en toi Seigneur et dans cette espérance
    J'emporterai souriant les joies de mon enfance
    Vers ce beau paradis que tu nous as promis.

Avril 2006.

Incertitudes Étranges.

Oh mes doutes, oh mes craintes qui si souvent m'emmènent
Sur ces chemins troublants où s'irradient mes peines,
Écoutez ma détresse et refermez la porte
À ce chant de faiblesse dépourvu d'allégresse.

En m'égarant parfois sur ces terres désolées,
J'en arrive à changer le cours de mes pensées
Et dans ce réconfort motivant ma raison,
J'y retrouve un refuge troublant mes horizons.

Si aujourd'hui encore je m'égare à tous vents,
Dans ces incertitudes étranges et vagabondes,
C'est que je cherche en vain l'endroit de mes tourments
Pour apaiser le flot de mes pensées qui grondent.

Et dans cette longue quête pour trouver la confiance,
Je dois puiser en moi l'énergie positive,
Sans aucun vague à l'âme, affrontant ma défiance,
Gardant mon cœur d'enfant sans autre alternative.

Oh mes doutes, oh mes craintes estompez vos humeurs
Car la joie de mes peines fleurira dans mon cœur.

Mai 2006.

Ivresse.

Je voulais te parler mais je n'ai plus les mots,
J'ai voulu t'enchanter, j'en ai perdu ma voix,
J'aurais dû t'écouter mais suis devenu sourd.
     Alors dans ma dérive ne trouvant plus l'essence
     De ma passion pour toi et du feu qui l'anime,
     J'ai plongé sans chercher dans le fond d'un abîme
Te souviens-tu du temps de toutes nos aventures,
Te rappelles-tu la joie qui perlait dans tes yeux,
Te dit-elle aujourd'hui combien nous fûmes heureux ?
     Je n'ai pas de remords mais l'immense amertume
     A recouvert d'un voile ce passé de regrets
     Qui me rappelle sans cesse l'ampleur de ma faiblesse
Dans ma mélancolie de te savoir si loin,
J'épuise le temps qui passe dans l'ivresse de mes maux
Car désespérément je resserre mon étau.
     Sauras-tu doucement refermer ces blessures,
     Rouvriras-tu tes bras à mon cœur qui t'attend,
     Effaceras-tu les peines dont je t'ai recouvert ?
Pour tous nos incompris et nos malentendus
Sachons raviver mieux la flamme de nos passions,
Qui jamais s'est éteinte lorsque nous nous aimions.

Mai 2006.

Terre de Ciel.

En écoutant le vent dans une aube naissante,
J'ai su redécouvrir mes joies simples d'enfant,
Alors d'une chamade mon cœur s'est emballé
Et de mille frissons mon être en a tremblé…
    Par ce matin chagrin, je ne voyais pas mes pas,
    Et mon besoin de vivre plein de mélancolie
    C'est recouvert d'un voile transportant l'amertume.
Au-delà des voyages dont la vie m'a comblé,
J'ai changé mon regard dans l'immobilité,
Comprenant un peu mieux la vraie simplicité !
    À marée descendante, quand tout semblait perdu,
    J'ai plongé dans les bras d'une nature accueillante
    Qui jamais ne m'a laissé insensible à ses flux.
De ces villes étouffantes où prisonnières nous sommes,
Je pars trouver refuge dans ce jardin si beau
Gardant cette innocence sans mon bouclier d'homme.
    Mère Nature généreuse tu ressources mon être,
    Même si mes sensations sont souvent indicibles
    Je ne veux que rendre hommage à ta beauté sublime.
M'éveillant chaque fois avec la certitude
Que notre liberté cherche les choses simples
Sur cette Terre de ciel offrant sa plénitude.

Mai 2006.

Soif de Solitude.

Bien souvent dans la joie, je pars te retrouver,
Oh soif de solitude toi qui m'appelles au loin,
Afin de maîtriser mes soudaines attitudes…
    Il y a mille raisons mais aussi des pulsions
      Qui me poussent à la fuite d'une humanité vaine
      Vers de tels horizons où tous mes pas m'entraînent.
Refuge à ma douleur de ne plus pouvoir comprendre,
Refuge à mes tourments de ne plus vouloir entendre,
J'accours éperdument dans ton havre de paix.
    Alors mon esprit flou reprend toute sa clarté
      Calmant les battements fous de mon cœur alarmé,
      Atténuant la colère de mes actes insensés.
Par ce vide qui me comble d'une joie indicible,
Sans éviter ce monde qui me sent désarmé,
J'abandonne mes combats dans cette force invisible.
    Oh soif de solitude, fredonne en moi tes sons,
      Illumine les ténèbres de mon âme en errance,
      Car j'en recueillerai le fruit de tes moissons.

Mai 2006.

Bel Amour Infini.

Il n'y a rien de plus beau dans le feu de nos vies
Que l'Amour infini d'une mère à son enfant.
Pour nous avoir portés au-delà des marées,
Quand même nous traversions de sombres horizons !
Tu as su nous donner tes élans de bonté
Qu'encore chacun de nous en porte la moisson.
Nos petites blessures et nos profonds chagrins
N'étaient que passagers lorsque tu t'en souciais.
Je me souviens encore de tes chants mélodieux
Qui parfois aujourd'hui portent larmes à mes yeux.
Et te savoir si près chaque jour à mes côtés
Était source de paix et générosité.
Bien sûr il y a eu des tempêtes d'orages
Mais nous nous pardonnions pour chasser ces nuages !
Il n'y a qu'une fontaine où l'on peut s'abreuver,
Celle des yeux de nos mères dépourvus d'éphémère,
Car à travers le monde elles ont toutes dans le cœur
Ces gestes naturels aux parfums de douceur.

Mai 2006.

Si Simplement.

Écris et crie encore car tu trouveras les mots
Dans la joie du pardon qui n'a pas de saisons
Respire, ouvre ton cœur et cherche ta demeure
Puis tu trouveras fraîcheur aux portes du bonheur.
    Combien de fois ta vie dans tous ses dérapages
    Te laisse si souvent seul, inconsolable et triste
    Alors qu'une lueur dans tes flous paysages
    Reste à portée de mains effaçant tes chagrins.
Naufrage volontaire sur ces mers désolées
Oublie autant soit peu tes complaintes assoiffées,
D'une jalousie des uns ou d'une rancœur des autres,
Et poursuis ton voyage libre dans tes pensées.
    Tes souvenirs tenaces dans ta mémoire en feu
    Cherchent inlassablement leurs parfums délétères
    Parce que ton espérance ne peut pas trouver mieux
    Tandis qu'en toi patientent ces rayons de lumière.
Sauras-tu dire demain, si aujourd'hui blessé,
Tu t'enfermes au fin fond d'un chemin sans retour,
Avec une certitude, dans tes maux chavirés,
Ce oui si simplement renforçant ton amour.
    Apprends à pardonner avec simplicité
    Pour accueillir la vie avec sérénité,
    Désertant ton orgueil et sa médiocrité
Afin de t'entourer d'une divinité…

Mai 2006.

Oh Mon Pays.

Bretagne oh mon pays qui mille fois me souris,
Je chéris tes couleurs n'y trouvant que bonheur !

    Terre de nos ancêtres, oh beau pays des Celtes,
    Tu disperses ta force dans le vent des marées,
    Généreuse et troublante par ta diversité,
    Solide comme un roc aux allures si sveltes...

    Pays de mon enfance, toi qui berças mes joies,
    J'ai su t'apprivoiser d'un océan à l'autre,
    Arpentant tes contours, comprenant ton histoire,
    D'un riche patrimoine qu'illumina ma foi.

    Peuple marin terrien à la fois mélangé,
    Tes combats t'ont poussé dans de lointaines contrées,
    Forêt de Brocéliande à la terre des Angles,
    Gardant le cœur sauvage de tes beaux paysages.

    Cette âme dont on dit qu'elle est parfois si rude,
    N'est qu'un reflet faussé par des jugements hâtifs,
    Qui n'ont pas raison d'être au-delà des frontières
    Car l'humain si souvent se crée des attitudes.

Bretagne oh mon pays, j'aime tes solitudes,
Car même déraciné je sens ta fortitude.

B.J

Janvier 2006.

Guide-Moi.

Guide-moi oh mon Dieu sur mes sentiers de feu,
Guide-moi oh mon Dieu car je veux être heureux !
    J'ouvrirai grand mes bras comme tu nous l'as montré,
    Je garderai confiance en cheminant vers toi…
Guide-moi oh mon Dieu car mes pas sont fragiles,
Guide-moi oh mon Dieu, je tends déjà la main !
    Ce cadeau de la vie que tu nous as donné,
    Je le préserverai avec toute ma foi…
Guide-moi oh mon Dieu car je suis si petit,
Guide-moi oh mon Dieu car tu es mon Ami !
    Je saurai partager les fruits de ton Amour
    Et ne lâcherai pas prise quand mes bras seront lourds…
Guide-moi oh mon Dieu car souvent je m'égare
Guide-moi oh mon Dieu, il est déjà demain !
    Alors je vivrai mieux sans le doute et la peur,
    Apaisé et confiant tout au fond de mon cœur…
Guide-moi oh mon Dieu je chanterai pour toi,
Guide-moi oh mon Dieu et je trouverai la Voie !

Novembre 2006.

As-Tu Déjà Pleuré.

As-tu déjà pleuré pour la joie d'un regard
Que tu avais croisé sur les marches du passé.
Pour tes larmes amères qui bien souvent t'effrayent,
Ressens-tu la douceur du confort à tes peines.
Tes larmes désarmées n'ont-elles pas les couleurs
D'une peur enivrée dans laquelle tu t'égares.

    Ouvre ton cœur alors quand l'émotion t'atteint,
    Ne ferme pas tes yeux qui librement t'appellent
    À faire face au chagrin que tu retiens en vain.
Comme un orage en feu laisse inonder ton corps
D'une eau sucrée salée qui cherche les chemins
Sur ton visage enfoui par ses rides asséchées.
    Quand te sentant plus fort ton âme se libère,
    Écarte au loin la crainte de faire face au miroir
    Car il te répondra d'une brise légère.
N'oublie jamais non plus que cette simplicité,
Nous apporte sans cesse des moments de tendresse
Qui font vibrer nos cœurs et soulagent nos êtres.

    Repartant libérées d'un fardeau du tréfonds,
    Tes larmes te diront qu'il n'y a plus de raison
    De feindre tous ces maux dénudés de saison,
    Et qu'elles te transporteront heureux à l'unisson.

Janvier 2007.

Surya.

Oh toi mon bel enfant où es-tu sur la Terre ?
Moi qui t'ai tant cherché, moi qui t'ai tant rêvé...
Oh toi mon bel enfant arriveras-tu demain,
Pour combler ce grand vide et gommer mon chagrin ?
Mon impatience est telle qu'il m'est dur d'oublier
Que le fruit d'un amour n'a jamais eu de fleurs...
Oh toi mon bel enfant, murmure-moi doucement,
Ton désir qui attend de trouver ses parents !
De te savoir si loin dans les îles du Levant
L'alizé de mes pleurs brille par ton espoir
Oh toi mon bel enfant, vois mes mains qui se tendent,
Sépare-toi de tes craintes, rejoins-nous sans attendre...
Alors par ta présence nous saurons recréer
Des horizons bleutés aux rires de ton enfance !
Oh toi mon bel enfant, apprivoise-nous bientôt,
Mets fin à mon attente et nous trouverons repos...
Surya tu porteras les sourires de ton nom
Et tes charmes couleront d'un naturel si bon.

Janvier 2007.

L'Océan des Mots.

Pas perdus, pas trouvés, je ne sais plus où je suis !
Ma vie aurait-elle prise ces couleurs aux teints gris
Dont je m'enivre au fond dans cette âme meurtrie,
Devenant qu'un passant que le temps assombrit ?

Parcourant l'univers dans l'océan des mots
Que j'aime à faire danser sous ma plume affolée,
Je dérive et j'arrive à me bercer du flot
Des tourments de mon être qu'il a apprivoisés...
Enfant, tu brûles en moi dans ce carcan d'adulte
Car ce désir constant d'avoir le cœur léger
Comble mon innocence pour faire face aux tumultes
De notre monde austère dans sa médiocrité.
Je n'ai plus peur de dire et bien parfois je ris
Pour tous ces tintamarres et ces fausses fanfares
Que notre humanité a cru bon d'inventer,
Tout en se détournant d'une vraie simplicité !
Pas perdus, pas trouvés, je cherche en vain la voie
Pour ressourcer mon cœur qui n'a plus de demeure,
Brisant ma solitude qui m'entraîne à ces heures
Vers tant d'indifférences dans l'irraison d'un choix...

Océan de mes maux, protège-moi du trépas,
Donne à mon esprit libre l'allégorie du beau
Afin que rassuré je chasse le désarroi
De nos douleurs profondes et du temps qui s'en va.

Janvier 2007.

Trois Amis.

Nous étions trois amis que la vie a unis,
Nous étions trois amis et tous avons grandi.
Depuis nos dix-huit ans nous avons parcouru
Tant de beaux paysages sans s'être perdus de vue !
Nous étions trois amis unis vers l'infini,
Nous étions trois amis s'aimant sans compromis.
À travers nos chemins dans nos joies et souffrances,
Jamais cette amitié a sombré dans l'absence !
Nous étions trois amis que la vie a meurtris,
Nous étions trois amis brûlant les interdits.
De s'être séparés puis de s'être retrouvés,
A fait mûrir en nous plus de simplicité !
Nous étions trois amis au cœur aventureux,
Nous étions trois amis allant toujours heureux.
Il a fallu parfois laisser ce temps qui passe,
Pour renouer nos liens sans que rien ne s'efface !
Nous étions trois amis uniques et différents,
Nous étions trois amis suivant le même courant.
Au-delà des chimères d'un monde désuni,
C'est là qu'ils y créèrent leur désir d'harmonie !

Ils étaient trois amis et sont toujours Amis,
Ils sont toujours Amis, je crois qu'on les envie.

Mars 2007.

Douleurs.

À tous ceux que la vie, a blessés, a meurtris,
À tous les oubliés, à tous les délaissés,
Avons-nous le courage d'enfin tendre la main ?

À tous ceux que la vie a cachés du bonheur,
J'offre mes mots en pleurs pour donner ma chaleur
Dans cet espoir certain qu'il y a toujours demain !
À tous ceux que la peur a poussés au suicide,
Car dans leurs déchirures, insupportables et dures,
Personne n'a su entendre cette folle plainte acide…
À tous ceux qui souffrant d'injustices infondées,
Qui jamais ne pourront retrouver dignité,
Je compatis et crie, ma douleur éhontée.
À tous ceux que la vie a privés de santé,
Qui dans leur long chemin luttent avec dignité.
À tous ceux dont la vie bafoue leur liberté,
Sous l'oppression sordide, révoltante et stupide.

À tous ceux qui enfant n'ont pas eu cette chance,
D'être aimés de parents et d'en subir ce manque,
Je donnerais volontiers ma vie pour leurs sourires !

À tous ceux dont la foi s'est souvent égarée,
N'ayez plus peur du doute et reprenez courage
Car la voie du Seigneur pour nous jamais ne meurt…

Mars 2007.

Je Crois.

Je crois fort en l'amour et la bonté humaine,
Je crois en notre foi et la joie du pardon,
Je crois et crois encore à la paix si sereine.

    Nous avons tous besoin un peu plus chaque jour,
    D'humilité profonde et de simplicité
    Bien plus que cette soif de soleil et d'argent !

Je crois en l'espérance qui ravive notre errance
Dans notre monde en pleurs tant couvert de douleurs,
Je crois et crois encore que nous formerons la danse.

    Vous n'êtes pas sans savoir que par trop d'ignorance
    Et tant d'indifférence, nous dérivons sans peine
    Vers notre déchéance, aveuglement perdus.

Je crois en cette force d'un sourire partagé,
Je crois à l'abandon de toute haine malsaine,
Je crois et crois encore qu'il n'est jamais trop tard !

    Il est bien tard ce soir et ma plume rebelle
    A retrouvé ses ailes, bercées d'ombres pastel,
    Dans le chagrin léger de ma mélancolie…

Je crois au bonheur pur d'un chant qu'émeut les foules,
Je crois en la vraie vie qui dans nos veines coule,
Je crois et crois encore qu'on peut s'y ressourcer !

Mars 2007.

Comédie.

Comédie de la vie, comédie comment dire…
Je ne sais plus si je vis, sais-je encore qui je suis,
Fatigué et lassé et certes désabusé…
Pourrais-je enfin savoir ce qu'on ne m'a pas dit !
Comédie de la vie, as-tu enfin fini,
D'affaiblir et meurtrir nos cœurs privés d'envies.
Quelle est donc cette force, négative et sournoise,
Qui nous happe sans cesse vers ces murs de faiblesse ?
Comédie de la vie de toi parfois je ris,
Car ton masque arrogant est teinté d'insolence.
Comédie de la vie, je cherche à m'écarter,
Du monde matérialiste annihilant mon espoir.
Mon désir de quitter le faux, l'artificiel,
M'entraîne à cheminer vers une passion céleste…
Comédie de la vie, pourquoi joues-tu ce jeu,
Qui nous entraîne aux doutes sur des sentiers confus !
Comment ne pas juger, sans trop se détourner,
De notre foi qui veille comme une ombre au soleil !
Comédie de la vie, laisse-moi enfin en paix,
Car mon désir d'aimer a pris le pas sur toi…

Mars 2007.

Incompris.

Oh XXIe siècle, sommes-nous toujours en guerre ?
Quand homme comprendras-tu l'horreur et l'inutile,
De tes actes insensés, si lâches et sans merci ?
Combien de temps encore nous faudra-t-il attendre,
Cette paix tant cherchée, trop souvent négligée,
Qui attend patiemment qu'on puisse enfin l'entendre ?
Pourquoi tant d'ignorances dans cette décadence ?
Pourquoi tant de souffrances dans notre pauvre errance ?
Alors qu'au fond de nous notre quête a sa chance !
Pour ce sang écoulé qu'on ne sait plus panser,
Pour ces larmes amères sillonnant notre terre,
Il est temps maintenant de changer de courant !
Hommes dirigeant ce monde vers un triste chaos,
D'où nous sortons meurtris comme au fond d'un tombeau,
Je ne vois qu'aujourd'hui notre misère humaine
Courant à perdre haleine vers une destinée vaine !
Comprendras-tu un jour qu'il faut bannir la haine,
Pour reconstruire ensemble le havre de Paix qu'on aime !
Ma lassitude est telle que je me sens rebelle,
Car l'âpreté du doute m'entoure d'indifférence,
Mais j'ai trouvé refuge dans la méditation
Qui tend ses bras vers moi et m'inspire au pardon !

Mars 2007.

Nos Signes.

En signes et en couleurs, en rires et en pleurs,
Nos signes ne sont-ils pas ce qui toujours demeure ?

Signe de vie je t'envie, signe de main à demain.
Signe de joie tu m'émois, signe de foi je te crois.
Signe de chance qui sourit, signe de peine tu me freines.
Signe de doute qui déroute, signe de larme tu me charmes.
Signe d'adieu je t'en veux, ne signe pas c'est dangereux !
Signe faux conte tout, signe de feu mystérieux.
Signe de guerre délétère, signe amer sans repère.
Signe d'eau de la vie, signe d'air si plaisant.
Signe de terre qui nous porte, signe du cœur en douceur.
Signe du soir qui s'achève, signe d'espoir dont on rêve.
Signe souvent peu compris, signe aussi infini…
Signe encore des trésors dont la vie est pourvue.
Signes qui sont tous des sons dans nos êtres sans paraître.

Signes d'Amour pour toujours signes enfin sans détours.

Avril 2007.

Enivrante Déprime.

Ai-je vraiment cherché à faire le pas un jour…
D'un passé qui m'encombre et du tort qu'il me fait ?
Ai-je vraiment compris qu'en allant de l'avant,
Mon présent s'épanouit sans crainte de l'avenir ?
      Dans mes souvenirs confus d'une enfance écorchée
      Dont je me persécute sous ce poids infondé,
      J'en arrive à aimer cette enivrante déprime,
      En étant persuadé qu'elle est ma raison d'être !
Aveugle à la misère dans ce monde qui court,
Insensible aux tourments que mon état transmet
À mon entourage proche qui démuni se trouve,
Saurai-je encore puiser la force qui vit en moi ?
      Dans cette complaisance à tous mes états d'âme
      Me privant des trésors dont la vie m'a comblé,
      J'anesthésie mes sens injustifiablement,
      Me contentant du peu d'efforts inaccomplis.
Ce refrain monotone que souvent je fredonne,
N'est qu'une fuite amère aux parfums délétères
M'aspirant dans un vide sans issue de secours
Dont je dois m'extirper pour retrouver l'amour.
      Pour ces longues années, abîmées et tachées,
      De ce refus constant de sourire à ma vie,
      Emprisonnant mon être de barrières inutiles
      Je n'ai qu'apprivoisé la souffrance de mes maux !
Mais aujourd'hui je crois avoir franchi le pas,
Car la lumière du Ciel a mis mon âme à nu
Et puisant mes ressources d'un élan naturel,
J'ai su qu'il était temps d'inhiber mon ivresse…

Mai 2007.

En Amont, En Aval.

Elle se découpe au loin dans de vastes paysages,
Ma vie telle une chanson en changeant de saisons…
Je peux vous la décrire avec simplicité,
Car elle a les reflets des cimes enneigées.
Année après année elle m'échappe souvent
Dans une fuite folle s'essoufflant à tous vents.
Tantôt je la surprends m'offrant la joie de croire,
Tantôt je la retrouve dans l'ombre du désespoir.
Il n'y a pas de trêve sur cette dent de scie
Puisqu'elle a façonné mon quotidien de plis.
Cherchant une réponse à tous ces bas en hauts,
J'en arrive à chérir cette instabilité…
En amont, en aval, où est-elle donc passée,
Ma vie que je poursuis sans plus beaucoup d'envies ?
Adulte devenu, peut-être ai-je trop grandi,
Car dans ce sentiment je me sens démuni !
N'ai-je donc point changé depuis toutes ces années ?
Saurais-je enfin trouver pour mon cœur apaisé,
La force de briser mes combats dispersés !
Est-il encore trop tôt ou bien peut-être tard,
Pour ce désir brûlant de trouver réconfort,
Dans la paix que je cherche contre vents et marées.
Oh chère enfance si douce tu m'es devenue lointaine
Car mon cœur saigne sans fin telle une triste fontaine.
Mais quand me sont donnés tous ces sourires d'enfants,
Alors je fais confiance à ma voix intérieure,
Qui sans cesse me rappelle qu'enfant toujours je suis…
En amont, en aval, patiemment j'attendrai
L'heure du plus beau voyage vers la Vie Eternelle.

Mai 2007.

Oh Seigneur.

Grand merci oh Seigneur pour la joie le bonheur,
Que tu mets dans mon cœur avec force et douceur.

Grand merci oh Seigneur pour la simplicité,
Que tu nous as donnée pour savoir partager.

Grand merci oh Seigneur de sans cesse embaumer,
Les chemins embrumés de mon âme égarée.

Grand merci oh Seigneur pour ce chemin tracé
Par ton fils adoré que tu nous as donné.

Grand merci oh Seigneur de l'immense réconfort
Qui en chacun de nous tu sèmes chaque jour.

Grand merci oh Seigneur du pardon infini
Donné à tes enfants pour leurs pas trébuchants.

Grand merci oh Seigneur pour ta bonté divine,
Bienveillante et sereine qui toujours nous entraîne…

Grand merci oh Seigneur pour cette main tendue
Qui jamais n'abandonne nos âmes si fragiles.

Grand merci oh Seigneur puisque au fond de mon cœur
J'ai su enfin apprendre à aimer pour toujours.

B.J

Juin 2007.

Comme un Boomerang.

D'avoir tant écouté, j'ai appris à parler…
D'avoir parfois menti, on m'a aussi menti,
D'avoir parfois volé, je me suis fait voler.
Comme un boomerang aussi tout nous revient sans cesse…
D'avoir peu pris le temps, le temps s'est échappé,
De m'être précipité, je me suis vu freiner
Et dans cette impatience j'ai compris la patience.
Comme un boomerang aussi je fis chemin arrière…
Pour trop d'hésitations, j'ai su aller de l'avant,
Pour toutes ces habitudes je changeais d'attitude,
Pour ce désir de plaire j'ai dû parfois déplaire.
Comme un boomerang aussi j'apprivoisais le vent…
Par ce peu de confiance, j'ai dû réapprendre à croire,
Par défauts ou faiblesses, j'ai dû faire certain choix,
Par ce désir d'aimer je me suis épanoui.
Comme un boomerang aussi changeant de trajectoire…
Manquant d'humilité et d'authenticité,
J'ouvris mes bras plus grand vers la simplicité,
Recherchant à briser les frontières à mon cœur.
Comme un boomerang aussi j'y trouvais ma demeure…
J'ai si souvent pleuré mais mes rires furent plus forts,
J'ai je tu nous vous ils, on fait les mêmes pas,
Vers la joie, le bonheur, qui toujours nous entraînent.
Comme un boomerang aussi ma dérive n'est plus vaine…

Juillet 2007.

Au Revoir.

À l'heure des au revoir où notre cœur se serre,
À l'heure du désespoir où il m'est dur de croire,
Ma quête vers la lumière m'accompagne doucement.

Dans le départ des uns quand restent aussi les autres,
Comment accepter mieux l'étrange séparation,
Puisque dans l'au-delà on se retrouvera.
Il y a tous ces adieux jalonnant notre vie,
Il y a ces déchirures qui bien souvent trop durent...
Toutes à la fois mêlées d'un vent d'incertitude.
Et puis nos quais de gare ou ces aéroports
Qui démunis nous laissent la vague à l'âme en peine,
Quand chacun change de bord pour retrouver son port.
Nos blessures amoureuses jamais cicatrisées
Ont gravé nos mémoires d'un refrain du passé,
Nous privant corps et âme d'un accessible espoir.
Mais lorsque l'au revoir prend les couleurs du temps,
Relevant le défi à notre âme ombragée,
Il nous est plus facile d'estomper nos tourments.

Au revoir ou Adieu je ne t'en veux plus vraiment
Car je suis persuadé que la tristesse est source
Et suis certain d'avoir le baume au cœur d'avant.

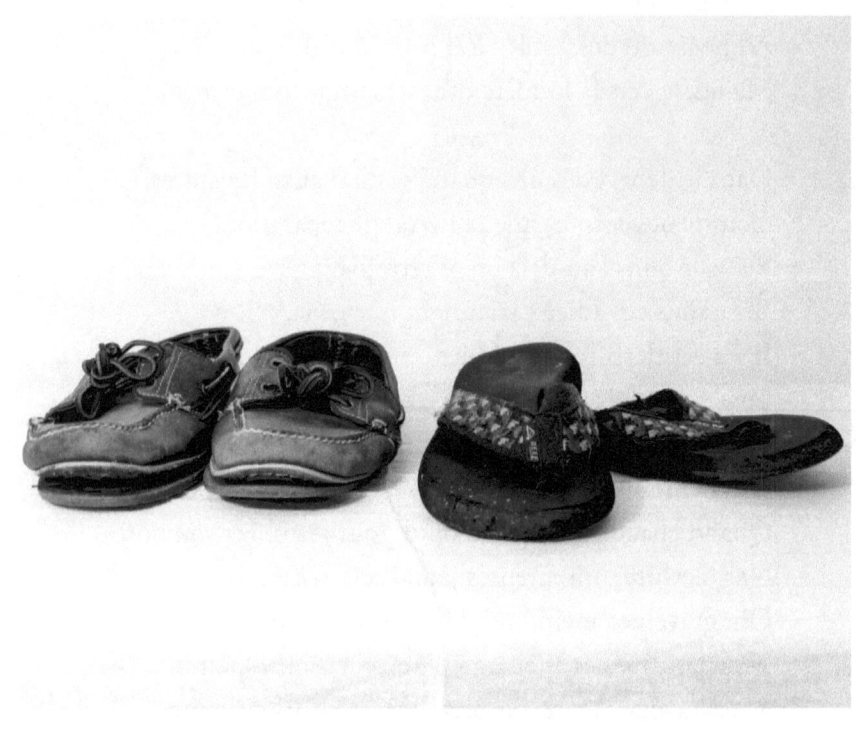

Juillet 2007.

Transporté par l'Amour.

Quand si souvent je cours transporté par l'amour
Et que ma joie s'anime en dansant sur les rimes,
Mon cœur caracole en battant la chamade…

D'attraper le regard d'une inconnue qui marche,
De répondre aux sourires d'un enfant qui me charme,
Sont des moments précieux qui sans cesse me chavirent.

Prendre temps et plaisir à s'enfuir de nos villes
Afin de ressourcer mes sens et mon esprit
Pour un voyage simple vers la méditation.

Redécouvrir toujours sans jamais se lasser,
S'émouvoir librement sans barrières inutiles
Font que l'Âme légère l'Amour reste possible…

Ce patrimoine sain qui m'a été donné,
Au cœur d'une famille unie et solidaire,
Est le fruit d'un amour qu'il me faut partager.

Quand si souvent l'Amour, sans forme et sans façon,
M'appelle et me rappelle qu'on peut toujours donner,
Je rends grâce au Seigneur et glorifie son Nom.

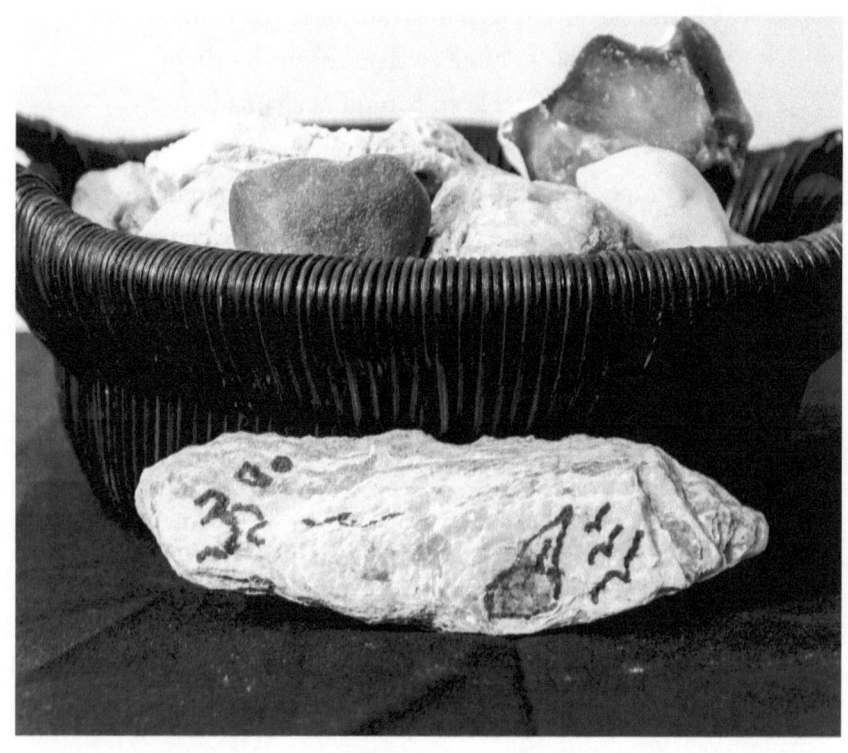

Août 2007.

Depuis la Nuit des Temps.

Elles l'ont toujours été et le seront toujours
Les femmes de la Terre, si belles pour leur amour,
Si troublantes de charme que facile est la larme…
De leurs parfums subtils aux allures cavalières,
Elles nous entraînent au loin sur des sentiers de feu,
Où nous brûlons les ailes de nos êtres volages.
Dans leur désinvolture elles nous marquent de coupures,
Par leur complexité elles chavirent malgré tout
Nous autres hommes perdus et si souvent confus.
Depuis la nuit des temps nous tentons de former
Une harmonie de couple aux multiples facettes
Où nos balbutiements s'encombrent de tempêtes…
Et nous hommes toujours nous perpétuons ces guerres,
Inutiles et sans trêves, sans merci ni repos,
Dans le triste refrain de ce monde en chaos.
Alors que nos enfants, si touchants d'innocence,
Ont toujours dans le cœur la pureté de leurs rêves,
Qu'on se doit de garder leur authenticité.
Enfance je crie ton nom car tu m'as tant comblé
Puisqu'aujourd'hui j'ai peur d'avoir trop mal grandi
Et de m'être égaré de ma simplicité…
Depuis la nuit des temps, a-t-on vraiment changé ?
Depuis la nuit des temps, qu'avons-nous retenu ?
Pour faire qu'un temps soit peu, notre passage sur Terre
S'illumine de l'Amour et non pas des contours.

Août 2007.

Sans Aucune Différence.

D'un seul regard uni pouvons-nous regarder
Que dans nos différences il n'y a que ressemblances
Et que nos ressemblances sont là pour nous porter…

La couleur de ma peau a-t-elle tant d'importance !
Tous les sons de nos langues, si différentes soient-elles,
Nous aspirent sans cesse vers un respect mutuel.
Des gestes du quotidien aux regards que l'on porte,
De nos larmes aux sourires parcourant notre vie,
Sachons regarder mieux l'autre qui nous ressemble.
L'immense diversité de nos corps et visages
Nous rappelle au combien si petit est l'écart,
Quand nous croyons à tort qu'il a tant raison d'être…
Pourquoi la jalousie envenimant nos songes
Et tant d'intolérance dans nos actes manqués,
Alors qu'ouvrir ses bras est seule source de paix.

Ne sommes-nous pas non plus d'une seule et même famille ?

Sans aucune différence, sans juger ni compter,
Il nous faut mieux puiser les valeurs et richesses
Qui nous furent enseignées dans un lointain passé.

Septembre 2007.

Lorsque le Vent m'Appelle.

Déjà l'aube s'est levée et j'entends la rumeur
Du vent qui tourbillonne dans les pins sous les dunes,
Comme un appel au loin, m'invitant follement,
Tout au bord du rivage pour un heureux présage.

Il me parle souvent dans son chant mélodieux
De la grande liberté qui jadis m'a poussé,
Vers les îles sous le vent où s'enchantèrent mes yeux !
Il est parfois discret et si souvent fougueux,
Il vous comble d'envies et vous réchauffe le cœur,
Il n'a pas de frontières et brise nos barrières…
Amoureusement je reste son compagnon fidèle
Car dans tous les voyages qu'avec lui je partage,
Nous formons l'harmonie par son chant sous mes ailes.
Peut-être un jour serais-je l'oiseau de tous mes rêves
Dont ma vie s'est remplie au-delà des conquêtes
Qu'ensemble nous traversons avec force et passion.

Vous me direz par contre, pourquoi rêveur je reste,
Mais ne me priverez pas de cette union complice,
Où j'ai trouvé refuge dans un immense délice…

Lorsque le vent m'appelle, je ne peux qu'accourir,
Sans réfréner l'entrain et ma joie de grandir,
Dans cet univers simple des émotions que j'aime.

B.J

Septembre 2007.

Ce Manque de Toi.

Égaré ou perdu, mon être à la dérive
Ne trouve plus le chemin de voir lumière se faire,
Dans ma quête de l'enfant absent de mon navire !

Longtemps j'ai attendu, souvent trouvant courage,
Au-delà du destin qu'il m'est offert de vivre,
Dans la force de croire et la joie du partage…

Combien de fois m'a-t-on bouleversé de questions,
En voyant différences dans mon couple orphelin
Qui ne sait plus aujourd'hui ce que sera demain !

Je ne désire plus rien dans ma vie qui s'effile,
Seulement mettre à ce manque envahissant mon âme,
Un terme à sa douleur pour retrouver bonheur.

Arriveras-tu un jour oh toi mon bel enfant !
T'ayant imaginé et senti sous ma peau
Comme une source chaude apaisant tous mes maux…

Ma révolte parfois me poursuit à penser,
Qu'une puissance ténébreuse m'aurait privée de toi,
Pour mes actes manqués sur des sentiers brûlés !

Mon cœur est si chagrin de ce manque de toi
Lorsque mes horizons se couvrent d'amertume,
Entraînant ma dérive et bouleversant ma foi.

Septembre 2007.

Somnolence.

Par goût d'indifférence, au fond de mon errance,
Je m'égare si souvent du chemin qui m'appelle
À préserver la paix qui sommeille en mon cœur.

Par défaut ou faiblesse, comprenant plus mes choix,
Dans l'espérance folle d'accéder au pardon,
Je cherche sans relâche à raffermir ma foi.
Au-delà des limites qu'inconsciemment j'impose,
À mon être qui s'entête à fermer trop souvent,
Les portes d'indulgence à mon prochain en peine,
J'aimerais tant irradier les forces qui nous opposent…
Par lassitude aussi ou manque d'espoir parfois,
Lâchant facilement prise aux parois dures et lisses
De la vie qui m'étreint dans son fougueux émoi,
Je tétanise mes sens dans cette somnolence.

Combattant l'ignorance pour le mal qu'elle nous fait,
Apprivoisant au mieux l'amour qui brûle en nous,
J'arpente, non sans courage, ces chemins difficiles
Au cours du long voyage sur cette terre si belle…
Car mon désir brûlant d'enfin ne plus paraître
Et de rester moi-même sans m'affubler de masques
Devient une obsession trouvant sa raison d'être.

Septembre 2007.

D'un Vent de Haine.

Haine oh toi qui souvent, dessines malgré tout,
Ces lumières ténébreuses sur mon cœur malheureux,
Ne vois-tu pas pourquoi ce qui me pousse à bout ?

Malades imaginaires, le serions-nous devenus,
Dans cette étrange névrose triturant l'âme humaine,
Où nos échappatoires une à une s'entretuent...
D'une harmonie perdue, dans mes souvenirs d'enfance,
Aux paysages flous d'un monde adulte en lutte,
Je ne trouve guère refuge dans cet univers sang.
Ce vent de haine parfois, vers l'autre qui refuse,
Outrageusement m'aspire dans des contrées malsaines
Où il m'est si facile d'y souvent faire faux-pas.
Du pardon qui chaque jour m'est demandé d'avoir,
De l'extrême indulgence dont je dois faire tant preuve,
M'a-t-on donné vraiment le choix pour ce combat ?

Solitude mon amie combien m'es-tu si chère
Pour apaiser mes peines et compenser ce vide
Du désamour certain qui m'entoure et tourmente...

Oh vent de haine si fort, je ne sais plus si j'ai tort,
Telle est ma confusion pour trouver réconfort.

Septembre 2007.

Sans Peur.

Il nous faut cheminer dans ce passage sur Terre
Vers la lumière du cœur et la Paix de nos âmes,
Avec la conviction que sans peur nous vivrons !

Tant de fois nous tremblons sous le doute et la crainte,
S'écartant du chemin de la confiance en soi,
N'écoutant pas la voix au cœur de notre foi…
N'ayons plus peur de dire qu'il nous est difficile,
D'accepter nos limites et supporter nos peines,
Pour qu'heureux nous puissions enfin briser nos chaînes.

Du signe de la croix, dont jadis fut marqué,
Je me sens mieux porté, vers mon prochain aimé,
Pour le partage de vie qu'ensemble unis nous sommes…

Sans ne jamais plus douter que la force vit en nous,
Sans aucune peur de croire qu'il est toujours possible,
D'avancer tous ensemble vers ces chemins de Paix…
Aidons-nous, Aimons-nous dans l'unité du Christ.

Sans peur je marche enfin, libéré de mes poids,
Dans la confiance en Dieu qui chemine avec moi
Et pardonne sans fin les écarts de ma foi.

Octobre 2007.

Petit Cœur des Îles.

Vanessa mon petit cœur, sois sans crainte ni sans peur,
Car au fond de ton cœur s'y trouve le bonheur.

Vanessa mon petit cœur, j'ai tant pleuré aussi
D'avoir eu cette chance d'un jour faire ta rencontre,
Au cœur de Bethlehem, dans la jungle de Kingston.
Mais aujourd'hui sachant que mon cœur a grandi,
Je peux m'ouvrir vers toi pour accueillir ta vie…
Tu m'as tendu la main en ouvrant tes grands yeux
Et les miens chavirés s'en sont couverts de larmes…
Mais nous ferons ensemble que nos souvenirs d'avant
Résonnent comme un chant aux couleurs de tes charmes !
Le rayonnement si beau, offert par ton visage,
Fut source de tendresse et d'émerveillement pur
Qui soudainement souffla le chagrin de mes craintes
Pour faire place à l'amour et la splendeur d'y croire…
Grand merci au Seigneur qui m'a ouvert la voie,
Pour venir te rejoindre en toute humilité
M'aidant à découvrir ton visage de bonté,
Resplendissant d'amour dans la Paix et la Joie !

Vanessa mon petit cœur, je n'attends plus cette heure
Où je croyais bonheur avoir finalement fui,
Car au fond de nos cœurs nous deviendrons unis.

Octobre 2007.

Radiance.

Éclaire-moi sur la voie de ta lumière mon Dieu,
Emporte-moi plus loin au-delà des limites
De mes horizons flous où souvent je m'abrite,
Car ce besoin de toi est bien plus fort qu'un vœu !

Redonne-moi, mon Dieu, cette belle espérance
Pour briser les frontières de mon cœur apeuré,
Pour y laisser mûrir les fruits de ton Amour,
Loin des carcans de l'homme mais vers ta transparence !

La beauté rayonnante que toujours je rencontre
Sur la paix des visages de ces hommes qui te servent,
Avec simplicité et grande humilité,
Vit d'une force pure, source d'inspiration…

De rencontre en partage, j'avance à petits pas,
Dans ce désir brûlant d'être tant généreux,
D'ouvrir toujours mon cœur à l'autre malheureux,
Acceptant de mon mieux mes limites et faiblesses.

Redonne-moi mon Dieu, la joie et l'allégresse
De marcher humblement contre vents et marées,
D'apprivoiser l'espoir d'enfin te rencontrer,
Afin que librement j'accepte ta bonté.

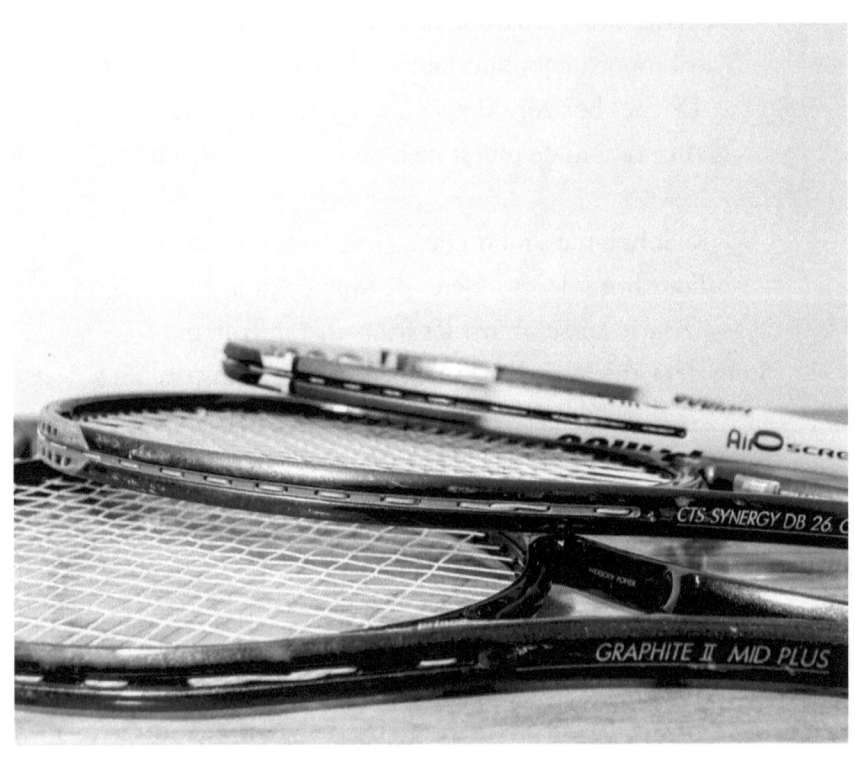

Janvier 2008.

À Bout de Souffle.

Essoufflé, éperdu, apeuré et contraint
Invaincu mais serein…
Où m'attire ce chemin !

Aube claire du matin, soleil couchant qui fuit,
Attristé, désarmé, à quoi bon donc lutter !
Contradictions pesantes, au ralenti je suis.

Amoureux ou confus, d'une insouciance légère,
Captif et réceptif, émotions tu m'animes,
À la fois mélangé d'un parfum de désert…

Arrivant, accourant, toujours au gré du vent,
Distancé, rattrapé, sans jamais m'arrêter,
Multitude de faux-pas, je ne suis plus comme avant !

Fatigué, délassé, temps m'aurais-tu happé ?
Je cours et cours encore du souffle de la vie,
Forgeant avec courage le bleu de ma destinée …

Janvier 2008.

Où Trouvera-t-on ?

Où trouvera-t-on l'Amour sur notre terre en feu ?
Où trouvera-t-on l'Amour pour enfin servir Dieu !

    Quand chercherons-nous vraiment les chemins du partage,
    Avec force et courage, sans remords sans ombrages,
    Plutôt que l'égarement, source à tous nos tourments !

À quel espoir aussi pouvons-nous tant prétendre,
Quand ce refus d'aimer et d'aussi partager,
Nous pousse aveuglement vers les portes du néant !

    Nous faudra-t-il encore perpétuer toutes ces guerres
    Et ternir malgré tout, le cœur de l'Âme humaine,
    Où y laisser, ces fruits au goût amer !

Où trouvera-t-on l'Amour dans le fond de nos yeux !
Où trouvera-t-on l'Amour pour enfin servir Dieu !

    Ce ne sera qu'en ouvrant, nos bras et cœurs fragiles,
    Que la lumière du Christ enfin brillera en nous…
    Alors dans l'harmonie d'une Paix retrouvée,
    Nous saurons accepter, la joie de Pardonner.

Novembre 2007.

Sans Aucun Regret.

De la vie qui s'écoule sans jamais s'arrêter,
Et du temps qui s'enfuit dans l'ombre de nos souvenirs,
Il n'y a pas regrets que l'on puisse exprimer
Car notre soif d'aimer fortifie nos désirs…
Dans nos mélancolies, ferment d'un désarroi,
Il nous faut mieux chercher la lumière dans nos cœurs,
Que ces pentes inutiles dans nos plaintes sans voix
Pour qu'inlassablement s'épanouisse le bonheur…
De notre destiné que chaque jour malgré tout,
Nous façonnons de plis en la contrecarrant,
Il nous faut mieux comprendre nos limites humaines,
Sachant s'émerveiller de nos joies et nos peines…
De chance ou de malchance, il ne fait aucun doute,
Que dans notre univers nous voyageons unis,
Cherchant à vivre heureux, évitant la déroute,
Afin d'apprivoiser l'harmonie dans nos cris…
Sans aucun regret donc, courageusement vivons,
Détournons-nous toujours de l'amertume sans son,
Appréciant mieux l'essence du cadeau de la vie,
Avec un cœur en Paix tourné vers l'infini…

Février 2008.

S'Aimer à Nouveau.

Au-delà des saisons et du temps qui nous blesse,
Nous aimerons-nous encore dans la joie partagée,
Pour harmonieusement dissiper nos tourments !

Il n'y aura plus d'ombre sur nos rivières en feu…
Il n'y aura plus maux, des souvenirs du passé…
Car nous saurons créer ces univers bleutés !

La longue marche des couples, trop souvent désunis,
N'est qu'un jardin secret où mûrit la lumière,
Pour nous apprendre mieux à briser nos frontières !

À nouveau nous aimerons retrouver les sentiers,
Des passions oubliées dans nos cœurs écorchés,
Et paisiblement vivre sans troubler notre union !

Au-delà des saisons mais avec l'aide du temps,
Il nous faudra encore maintes fois composer,
Ce beau chant de la vie pour trouver l'harmonie…

Février 2008.

Porté par la Lumière.

Porté par la lumière et d'un désir de Paix,
Mon âme vagabonde au gré du vent qui gronde,
S'émeut de mes tourments et du chant qui la comble...

Porté par la lumière et recherchant la Joie,
J'essaye de façonner, sur mes chemins de vie,
L'harmonie d'un corps sain et d'un esprit serein.

Porté par la lumière et soucieux du prochain,
Je demande à mes pas que Divin soit mon guide,
Estompant les contours de mes bleus si chagrins.

Porté par la lumière et cheminant heureux,
Malgré tous mes trépas, malgré tous mes adieux,
Je fortifie mon âme pour sans cesse aller mieux.

Porté par la lumière, sans jamais renoncer,
J'ouvre à mon cœur les portes, dans cette Foi d'aimer,
Éloignant toute peur, qui me ferait douter.

Porté par la lumière, je me sens si convié,
De répondre au Seigneur par ce oui de bonté,
Qui sait guérir mes pleurs et m'entoure de Bonheur...

Octobre 2007.

Penses-Tu.

Dans tes jugements confus où s'égare ta vertu,
Penses-tu à la chance qu'il t'a été donnée,
Et celle que l'autre n'a pas ou qu'il jamais n'aura !

Dans un certain confort où le matériel prime,
Penses-tu à l'autre qui souffre ou se sent démuni,
Vois-tu que la richesse réside dans l'abandon
Et que cet abandon devient aussitôt don !
Ne sens-tu pas non plus, lorsque ton cœur fragile,
Raisonne qu'avec ta tête, irrationnellement,
Et par égocentrisme tu fuis tes sentiments
Loin de la liberté d'Aimer et d'être Aimé…
Lorsqu'il t'est si facile de former des jugements
Envers l'autre qui peine et ressent tes barrières,
Penses-tu à la chance qu'il t'a été donnée
D'élever ta pensée au-delà des frontières !
Il n'y a qu'un seul langage, fruit simple du partage,
Alors pourquoi chercher à former différences
Dans un tourbillon flou d'idées trop préconçues,
Quand sachant que l'Amour nous l'avons tous reçu…

Penses-tu qu'en pensant un peu mieux chaque jour,
Nous trouverons l'essence d'un éveil à nos sens,
Unis d'une seule prière aux parfums de l'Amour.

Remerciements

Que chacun accueille et trouve dans ce petit recueil, écrit avec simplicité tout au long de ces longues années de voyages et de rencontres, un court instant de rêve et d'évasion dans l'harmonie des sons et des couleurs.

Merci à toi, Isabelle, de m'avoir toujours encouragé, porté et inspiré afin de pouvoir achever cet essai, du fond du cœur !

À tous ceux et celles, qui ont fait que lors de ces moments d'inspiration, leur présence, lumière et témoignages ont permis de me conduire sur ce si beaux chemin de l'écriture.

Dans ce désir chaleureux de vouloir uniquement partager et l'espoir de poursuivre ce merveilleux voyage sur *L'Océan des Mots,* je ne vous adresse tous qu'un au revoir passager, rempli d'émotions tendres dans mon cœur de rêveur.

À bientôt.

B.J

Crédits

Les Tourtereaux, Photo de Benoît Jalaber :   14
Austin à 8 Ans, Le poème dans l'art de T. Lambert, Jr., Art d'Austin Hardison :16
Grey Flannel de l'Ancienne, Photo de LMP Studio :   18
Cahier d'Art de Pascale, Art de Pascale Jalaber :   20
Les Tambours à Main de Benoît, Photo de LMP Studio :   22
Au Bar des Serments, Inspiré de la chanson *Noir et Blanc* de Bernard Lavilliers :   23
Pour Toujours, Photo de LMP Studio :   24
Epoque du 14ème, Photo de Benoît Jalaber :   26
Soirée Familiale, Photo de Benoît Jalaber :   28
Le Rosier de Tréméac, Photo de Benoît Jalaber :   30
Pause Photographique d'Escalade, Photo de Benoît Jalaber :   32
Sans Frontières, Photo de LMP Studio :   34
Les Coquillages de Benoît, Photo de LMP Studio :   36
Enneigée, Photo de Benoît Jalaber :   38
Aux Outer Banks, Photo de Benoît Jalaber :   40
Aux Îles Vierges, Photo de Myrtle Jalaber et Caroline Daniel :   42
Navigateur, Photo de LMP Studio :   44
Got It, Photo de Benoît Jalaber :   46
L'Essentiel, Photo de LMP Studio :   48
La Croix de l'Abbaye, Photo de Benoît Jalaber :   50
Les Plumes de Benoît, Photo de LMP Studio :   52
Calligraphie, Photo de LMP Studio :   54
Les Montagnes du Nord-Ouest. Seattle 1997, Art de Benoît Jalaber :   56
Chez Tante Odile, Photo de Benoît Jalaber, Art de Gilbert Pajot :   58
Les Pommes de Pin de Benoît, Photo de LMP Studio :   60
Les Mousquetons de Benoît, Photo de Benoît Jalaber :   62
Saint-Laurent, Art de Benoît Jalaber :   64
Statue l'Enfant de Paris, Photo de Benoît Jalaber :   66
Fleur Sauvage du Jardin, Photo de Benoît Jalaber :   68
Tempête, Photo de Benoît Jalaber :   70
Tranquille Peinard, Photo de Benoît Jalaber :   72
Kitesurf, Photo de Benoît Jalaber :   74
Dans La Forêt, Photo de Benoît Jalaber :   76
Les Flacons de Benouille, Photo de LMP Studio :   78
Au Sommet de la Montagne, Photo de Benoît Jalaber :   80
Thé à la Montagne, Photo de Benoît Jalaber :   82
Chantal et les Petits, Photo de LMP Studio :   84
Tas de Bois, Photo de Benoît Jalaber :   86
Cadeau de Chantal, Art de Marie Libaudière :   88
La Croix de l'Abbaye II, Photo de Benoît Jalaber :   90
Belle Cascade, Photo de Benoît Jalaber :   92

En Attendant, Photo de LMP Studio : 94
Chez Nous, Photo de Benoît Jalaber : 96
Chasseurs de Lapins, Photo de LMP Studio : 98
Soigne, Photo de LMP Studio : 100
Fait à la Main, Photo de LMP Studio, Art de Benoît Jalaber : 102
Les K7 de Benoît, Photo de LMP Studio : 104
Une Bosse sur la Route, Photo de Benoît Jalaber : 106
Les CD de Benoît, Photo de LMP Studio : 108
Cocktail Tropical, Photo de Benoît Jalaber : 110
Le Carré à Nouveau, Photo de Benoît Jalaber : 112
Les Cieux, Photo de Benoît Jalaber : 114
Argenterie d'Enfance, Photo de LMP Studio : 116
Cimetière de Landévennec, Photo de Benoît Jalaber : 118
Chaussures Préférées, Photo de LMP Studio : 120
Les Roches de Benoît, Photo de LMP Studio : 122
La Batterie du Destin, Photo de Benoît Jalaber : 124
La Mouette Turballaise, Photo de Benoît Jalaber : 126
Patientez, Photo de LMP Studio, Art de Léon : 128
Shhh... Nounours Dort, Photo de Benoît Jalaber : 130
Sac à Dos, Photo de Benoît Jalaber : 132
Vas-y!, Photo de Benoît Jalaber : 134
Petit Bijou, Photo de LMP Studio : 136
Le Feu Rugissant, Photo de Benoît Jalaber : 138
Les Raquettes de Benoît, Photo de LMP Studio : 140
Les Timbres de Benoît, Photo de LMP Studio : 142
Il Est Libre, Photo de Benoît Jalaber, Art d'Inconnu : 144
Les Portes Ouvertes de Bethléem, Photo de Benoît Jalaber : 146
Arrivée, Photo de LMP Studio, Art d'EP Haiti : 148
Magnets, Art de Benoît Jalaber : 150
Tortola, BVI 1993, Art de Benoît Jalaber : 152

Un grand merci aux familles Jalaber et Hardison pour leurs encouragements de cet effort si digne ; Myrtle Jalaber, éditeur ; Véronique Sauvestre, Cheikh Mbacke, Monique Caselli, Mathilde Montier, correcteurs ; Aneisha Elliott, photographie de LMP Studio ; Frère Martin Jalaber ; Diane McBride-Holmes ; Deborah et Monte Brown ; Cebel McCaffrey ; et Linda Cegelski.

À Propos de l'Auteur

Benoît Jalaber est né à Nantes en France. Son penchant pour le voyage a commencé très tôt avec les nombreux déplacements de sa famille tout au long de sa jeunesse. À l'âge adulte, Benoît vivra en Corse, au Cameroun, au Canada, dans plusieurs villes de France, dans les Caraïbes et enfin aux États Unis où il s'installe avec sa femme et sa fille.

C'est un sportif passionné depuis l'enfance et la gymnastique est son premier lieu d'épanouissement. Jeune homme, il sera chasseur alpin dans l'Armée Française puis enseignant en sports nautiques dont la natation, la planche à voile et la voile.

Mais Benoît aimait autant la mer que la montagne. Avide d'espace, de nature et de sommet, il va pratiquer toute sa vie l'escalade, seul ou avec ses amis.

www.ingramcontent.com/pod-product-compliance
Lightning Source LLC
Chambersburg PA
CBHW031421290426
44110CB00011B/469